AF463071

L'IMPORTANCE
DU
SALUT.

A PARIS,
Chez SEBASTIEN MABRE-CRAMOISY,
Imprimeur du Roy, ruë S. Jacques,
aux Cicognes.

M. DC. LXXV.
AVEC PRIVILEGE DU ROY.

A

MADAME

LA PREMIÉRE

PRÉSIDENTE.

MADAME,

Dans le deſſein que j'ay d'in-ſtruire le Public de l'Importance du Salut, en m'en inſtruiſant moy-meſme, & d'intereſſer les

Fideles en une affaire, où ils ont tant d'interest : j'aurois de la peine à réüssir, si je n'avois que des préceptes à donner. Quand il s'agit des mœurs, il faut un exemple, pour persuader : & quand on veut donner du crédit à la vertu, rien n'a tant d'autorité qu'un nom comme le vostre. En effet, MADAME, *on ne peut pas estre détrompée du monde, persuadée de sa religion, touchée d'un desir sincére de se sauver, enfin on ne peut pas estre Chrétienne comme vous l'estes, qu'on ne devienne la re-*

gle de ceux qui veulent vivre Chrétiennement. A la vérité, ce n'eſt pas ce que vous prétendez, que de paſſer pour modele, dans la vie humble & modeſte que vous menez. Mais ſouvenez-vous que dans la place où Dieu vous a miſe, voſtre modeſtie n'a plus de droit ſur vos autres vertus; & que vous devez exemple à tous ceux, qui doivent de l'eſtime à voſtre perſonne, & du reſpect à voſtre qualité.

Souffrez donc, MADAME, que l'eſtude que vous faites du

Salut, ſerve de leçon à ceux qui penſent à ſe ſauver. Car vous eſtes cette Breby fidele de l'Evangile, qui ne s'attache qu'à la voix du vray Paſteur: & vous préferez la gloire de luy eſtre ſoûmiſe, à celle que vous avez d'eſtre fille d'un Secretaire d'Eſtat; d'eſtre femme d'un Premier Préſident, dont l'integrité fait tant d'honneur à noſtre ſiécle; & d'eſtre mere auſſi heureuſe que vous l'eſtes: parce que vous ne connoiſſez point d'autre veritable gloire, que celle du Ciel, & que vous n'avez point d'autre ambition que de vous ſauver.

Aprés tout, ce n'eſt pas aſſez que vous marchiez avec tant de fidélité dans la voye de Dieu, ſi vous ne conſentez qu'on apprenne aux autres à y marcher ſur vos pas. On doit admirer l'aſsiduité que vous avez à viſiter ſi réguliérement, & tous les Hoſpitaux, & toutes les Priſons de Paris, dont vous faites l'occupation la plus ordinaire de voſtre vie, pour répandre vos charitez ſur ceux qui ſont les plus miſérables. Mais on doit vous aver-

tir, MADAME, qu'il y a des prisons & des miséres éternelles, à quoy il faut encore que vous pensiez. On trouve par tout des gens qui s'attendrissent sur des necessitez temporelles : & il ne se trouve presque personne qui paroisse touché du malheur de tant d'ames qui se perdent. Faisons revivre cét esprit des premiers siécles, qui est presque éteint dans le nostre. Apprenons aux Fideles, Vous par vostre exemple, & moy par l'Ouvrage que je vous offre, à n'estimer plus rien que l'affaire importante du Salut. Vostre charité ne doit point se borner au temps, pour estre plus conforme à la charité de toute vostre maison, qui n'a point de bornes. Une main bienfaisante, qui s'ouvre aux besoins des necessiteux, peut les empescher d'estre misérables pour quelque temps : mais une vie exemplaire, comme la vostre, peut faire des heureux pour toûjours, en faisant des prédestinez. La seule idée de vostre vertu préparera les esprits aux raisons dont je me serviray, pour les affectionner à l'importante affaire, dont je leur parle. Et alors je ſeray ſatisfait d'avoir appris au Public l'avantage qu'il y a à vous imiter, en luy apprenant le zele & le reſpect avec lequel je ſuis,

MADAME,

Voſtre tres-humble & tres-obeïſſant ſerviteur, R. RAPIN, de la Compagnie de JESUS.

TABLE
DES CHAPITRES.

L'IMPOR-

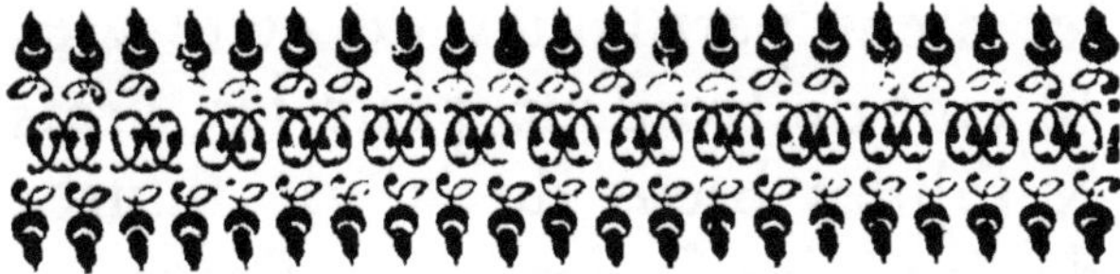

L'IMPORTANCE DU SALUT.

CHAPITRE PREMIER.

Combien eſt déplorable l'ignorance & l'aveuglement où l'on vit pour le Salut.

LA vie de la pluſpart des Chrétiens a ſi peu de rapport à leur créance, qu'on ne peut voir ſans gemir, quils ayent tant d'affection pour leurs autres affaires, & tant d'indifférence pour leur Salut. En effet, n'eſt-ce pas une conduite bien déplorable au Fidele, d'aimer ſi fort le preſent qui doit finir, & de ne ſe ſoucier pas de cét heureux avenir, qui ne finira point; d'avoir tant d'ardeur pour les biens perissables de cette vie, & tant de froideur pour les vrais & solides biens de la vie future; de s'appuier sur les promesses trompeuses du monde, qui n'est que mensonge, & de ne s'appuier pas sur le bras du Tout-puissant, & sur la fermeté inébranlable de sa parole, qui est la verité mesme; enfin, de prétendre au Ciel par tant de titres comme à sa veritable patrie, & de s'attacher par tant de liens à la terre, qui n'est que le lieu de son exil?

Quel esprit d'erreur nous possede, pour vivre si peu chrétiennement? Et par quel ensorcellement nos cœurs sont-ils si sensibles aux objects frivoles de la vanité, & si peu touchez des grandes idées, que nostre Religion nous donne de l'autre vie? L'affaire du Salut est la plus importante de toutes les affaires, & cependant elle est la plus negligée. Car que fait-on pour meriter un Royaume, qui ne se donne qu'à ceux qui se font vio-

Violenti rapiunt illud. *Mat. c.* 11.

lence ? Qui eſt-ce qui penſe comme il faut, à ſe ſauver ? Où eſt le Chrétien qui renonce à ſes autres intereſts, pour n'eſtre attentif qu'à celuy-cy ? Et par quel étrange égarement de cœur renfermons-nous nos prétentions dans les bornes étroites du temps, ayant l'eſprit plein des eſperances, que la Foy nous donne de l'éternité ?

C'eſt cét aveuglement, qui eſt la cauſe la plus univerſelle du déréglement général, qui regne aujourd'huy dans le monde, & cette langueur mortelle, qu'on a pour le Salut, que je voudrois guerir : en repreſentant au Chrétien l'Importance quil y a de penſer ſerieuſement à ſe ſauver. Mon Dieu, qui m'inſpirez ce deſſein, donnez à mes paroles la puiſſance & la vertu, qui eſt attachée à vos paroles, pour vaincre la cruelle indifference qu'ont la pluſpart des hommes pour leur Salut. Faites que ma voix devienne une voix de tonnerre, pour réveiller les Chrétiens de

Dabit voci ſuæ vocem virtutis. *Pſ.* 63.

l'horrible aſſoupiſſement, où l'ignorance & le mépris des choſes du Ciel les a plongez, & pour porter la terreur de vos jugemens juſques dans le fond de leurs ames. Animez mon diſcours du poids de voſtre autorité, pour annoncer de nouveau à toute la terre ces grandes promeſſes du Ciel, qui luy ont eſté déja annoncées, par la publication de l'Evangile. Enfin, mon Dieu, donnez-moy la force de dechirer ce voile, qui nous couvre les yeux, & de diſſiper ces tenébres, qui nous troublent l'eſprit : afin qu'embraſſant une vie pure & ſainte, nous nous rendions dignes de cette Couronne, que vous promettez à ceux qui vous ſeront fideles.

Pour commencer à faire comprendre au Chrétien l'excés de ſa folie, & la profondeur de ſon aveuglement, dans l'affaire du Salut : il ne faut que luy tracer une image de ſa miſére, luy mettre devant les yeux l'état de ſa condition, &

découvrir l'homme foible tout entier à l'homme ignorant. Il entre dans le monde comme un banny dans un lieu d'exil : ſa vie eſt un voyage, qu'il fait dans une terre étrangére : & ſa mort eſt le terme de ſon banniſſement. Car *nous ſommes tous des voyageurs*, dit l'Ecriture, *comme tous nos Peres l'ont eſté.* Mais dans le voyage que nous faiſons, qui eſt-ce qui penſe au lieu où il faut aller ? Chacun marche dans la voie, où l'entraîne ſa fortune, ou ſon humeur : on ne ſonge qu'à ſon intereſt, à ſa gloire, à ſon agrandiſſement : on ſuit ſes affaires, ſes deſſeins, & tous les vains projets de la vie, ſans penſer à quoy tout cela ſe termine : on s'abandonne à l'égarement de ſon eſprit, pour ſuivre la voie de ſon cœur : & le comble du malheur de l'homme eſt, qu'il ne connoiſt preſque ny le chemin où il marche, ny le lieu où il va : il ne veut rien ignorer, que ce qui regarde ſon Salut : toutes les démarches qu'il

In præſenti vita quaſi in via ſumus, quà ad patriam pergimus. *Greg. hom. in Evang.*

Peregrini enim ſumus coram te, ſicut omnes Patres noſtri. *l. 2. Paral. c. 29.*

Omnes erravimus, unuſquiſque in viam ſuam declinavit. *Iſa. c. 53.*

Omnes in viam ſuam declinaverunt. *Id. 56.*

fait dans ce voyage l'occupent, & le terme ſeul ne l'occupe pas : il veut ſçavoir tout ce qui doit luy arriver dans la vie, ſans ſe ſoucier de ce qui doit lui arriver dans l'éternité. En quoy il devient auſſi extravagant que le ſeroit un pilote : lequel avant que de s'embarquer, voudroit connoiſtre exactement toutes les mers, les differentes routes, qu'il faut tenir, pour y faire une navigation heureuſe, ſans ſe mettre en peine de connoiſtre le port, où il doit aborder. Ou bien comme un voyageur qui ſe feroit ſoigneuſement inſtruire des chemins qu'il doit tenir, ſans ſe ſoucier où il doit aller.

C'eſt ce que font la pluſpart des Chrétiens, qui par les maximes corrompuës d'une fauſſe prudence, n'ont attention qu'au preſent, & vivent dans une ignorance profonde de l'avenir. On veut ſçavoir tout ce qui ſe paſſe dans le monde ; on s'informe de toutes choſes ; on raiſonne ſur tout, &

Homo ad immortalium cognitionem nimis mortalis. *Senec. de otio ſap.*

l'on ne veut rien sçavoir de ce Royaume éternel, que nostre Religion nous propose, quelle vie on y mene, quel en est le Souverain, & ce qu'il faut faire, pour y parvenir. Ah, si nous sommes Fideles, & que la Foy ne soit pas tout-à-fait éteinte en nous; élevons les yeux, dit Saint Chrysostome, vers cette Sainte Cité, qui doit estre nostre éternelle demeure. Commençons par connoistre le Seigneur, qui y regne: adorons, avec une frayeur respectueuse, un si divin maistre: considerons dans le silence le plus profond de nos ames, toutes les merveilles de nostre chere patrie: aprenons quel chemin il faut tenir pour y arriver, quels sont les détours, les dangers, les égaremens, qui s'y rencontrent, la difficulté qu'il y a de parvenir en un lieu si saint, quels sont les honneurs qu'on rend à ceux qui ont merité d'y estre receûs, quelle est la vie qu'on y mene, quelle est la paix dont on y jouït, la dou-

Chrys. in Matth.

ceur qu'on y reſſent, ce qu'on y fait, ce qu'on y dit. Penſons-y donc, ſi nous avons un deſir ſincére de nous ſauver. Car *on ne marche point comme il faut*, dit Saint Auguſtin, *quand on ne ſçait pas, où l'on va :* Il n'appartient qu'aux beſtes d'aller ſans ſçavoir où elles vont Ce *ſeroit une conduite inexcuſable à l'homme qui a de la raiſon, de s'embarquer dans un voyage*, dit Saint Laurent Juſtinien, *ſans penſer au terme.* Mais qui eſt-ce qui y penſe ? Que de chaleur, que d'inquiétude, que de meſures, que d'application & de vigilance pour les autres affaires, que de negligence, que de froideur, que de mépris pour l'affaire du Salut ? Nous avons le plus grand ſoin du monde de tous nos intereſts temporels, & l'intereſt éternel eſt le ſeul que nous negligeons. Nous ſommes comme des enfans dépourveûs de raiſon, dont l'eſprit eſt poſſedé par des bagatelles : nous ſommes ſi pleins de l'a-

Non benè curritur, ſi quò currendum eſt neſciatur. *Lib. de perf. Iuſ.*

Peregrinantibus in hac præſentis vitæ vaſtiſſima ſolitudine oportet nos non ignorare quò tedimus, nam ambulare quotidie non præmeditato itineris fine, imprudentiſſimum eſt. *L. de humil. c. 14.*

mour des choſes ſenſibles, que nous n'avons que du dégouſt des choſes du Ciel. Nous reſſemblons à des incredules, à qui tout ce qu'on dit de l'autre vie paroiſt un ſonge : l'eſperance d'une éternité bien-heureuſe, que noſtre Religion nous promet, ne fait plus d'impreſſion ſur nos cœurs : parce que la Foy n'agit plus ſur nos eſprits. Ce treſor ſi vanté dans l'Ecriture, dont les richeſſes ſont incorruptibles, nous touche moins que les richeſſes periſſables de cette vie. On ne ſe ſoucie pas meſme de connoître le prix de cette Perle divine de l'Evangile, pour ne pas eſtre obligé de donner tout ce qu'on poſſede, ſelon le conſeil du Sauveur, afin de l'acquerir. C'eſt parler à des létargiques, que de parler aujourd'huy de l'Importance du Salut à la pluſpart des Chrétiens : parce qu'eſtant enyvrez des deſirs impurs de la terre, ils n'ont plus aucun gouſt pour le Ciel. Mais cette létargie interieu-

Quæ eſt iſta margarita, pro qua univerſa dare debemus, id eſt, noſmetipſos. *Aug. homil. ſup. verb. Dom.* Simile eſt regnum, *&c.*

Gloria in confuſione ipſorum qui terrena ſapiunt. *Phil. cap.* 3.

re, & cette insensibilité pour les choses du Ciel, qui est la playe la plus profonde, que le peché ait fait sur nos ames, ne vient que du peu d'attention, qu'on a pour les choses qui regardent le Salut, & de l'ignorance épouvantable qu'on affecte de ce qu'on doit devenir. C'estoit l'état où se trouva Saint Augustin, lors que dans les pre- » miers égaremens de sa jeunesse il » marchoit, comme il dit, dans la » nuit sombre & tenébreuse de ses » passions, sans penser à son Salut : » que s'éloignant de Dieu, par le » déréglement de sa vie, & se per- » dant dans des routes égarées, il » devint à luy-mesme une terre ste- » rile & infructueuse, & il tomba » dans le comble de la pauvreté & de » la misére. Voilà le premier degré de cét aveuglement déplorable que nous examinons.

Ibam longè a vultu tuo in affectu tenebroso. *Lib.* 1. *Confess. cap.* 18.

A te erravi Deus meus, & nimis devius à stabilitate tua, in adolescentia, factus sum mihi regio egestatis. *L.* 2. *Conf. c.* 10.

Mais quand on est aveugle, sans sentir son aveuglement, le mal devient sans remede, parce qu'on ne connoist pas sa maladie : on est dans le peril ſans le craindre ; on ſuit ſon égarement, ſans ſçavoir qu'on s'égare : & cette inſenſibilité aveugle, où vit le Chrétien pour ſon Salut, n'eſt que la punition de ſon peché, dit le Prophete Sophonie. Il s'embarque ſur une mer orageuſe, ſans craindre l'orage; il marche dans la nuit, ſans ſentir l'obſcurité, il s'expoſe au danger, ſans précaution, il ne fait pas meſme réflexion à ſon ignorance. Son aveuglement l'empeſche de voir l'état où il eſt : il ne ſent pas la bleſſure de ſon ame, parce qu'il ne conſulte que ſes ſens : & ſes tenébres luy ſont inconnuës : parce qu'elles ſont plus dans ſon cœur que dans ſon eſprit. De-ſorte que dans l'égarement épouvantable où il eſt, il devient ſemblable à des voyageurs, qui marchent dans une foreſt profonde au milieu d'une obſcure nuit, qui ne diſtinguent plus rien de tous les objets, qui ſe preſentent à eux : les feüilles des arbres les épouvantent, & les pré-

Ambulabunt ut cæci, quia Deō peccaverunt. *Soph. c.* 1.

Qui relinquunt iter rectum, & ambulant per vias tenebroſas. *Prov. c.* 2.

Via impiorum tenebroſa : neſciunt, ubi corruant. *Prov. c.* 4.

cipices ne les épouvantent pas : ils ſont hardis où il faut eſtre timide, & ils ſont timides où il faut eſtre hardy. C'eſt ainſi que le Chrétien, qui eſt une fois troublé de la penſée de ce qu'il doit devenir, ne ſcait plus ce qu'il fait, ny où il va : il prend l'égarement du chemin pour le chemin meſme : il quitte la verité, pour courir aprés le menſonge : & ſon cœur s'endurcit tellement à tous les ſentimens de la Religion, que la terreur des Jugemens de Dieu, la crainte de ſon Tribunal, la frayeur de cét Arreſt irrévocable, dont parle l'Evangile en des termes ſi terribles ; ces yeux penétrans, qui percent juſques au fond des cœurs ; cette redoutable lumiére, à qui rien n'eſt caché ; cette rigueur inflexible d'un Juge, qui ne peut eſtre ſurpris par aucun déguiſement ; & toutes ces étonnantes conſiderations, que la Foy nous met devant les yeux, n'ont plus d'effet ſur ſon eſprit : il n'écoute plus meſme ſa conſcience,

Commutaverunt veritatem Dei in mendacium. *Rom. c. 1.*

qui luy parle de sa fin derniére, par tout ce qui se passe dans le monde. Car enfin toutes les créatures sont autant de bouches ouvertes, pour avertir l'homme, qu'il doit finir comme elles. C'est par le renversement des grandes fortunes, & par la chûte des personnes élevées dans les premiéres dignitez : c'est aussi quelquefois par la fin terrible des ames impenitentes, & par les morts subites & impréveûës des pecheurs que Dieu nous parle, comme par les organes de sa colére, & de son indignation, pour nous intimider, & pour nous rapeller à nostre devoir : quand une fois nous avons meprisé la voix de sa bonté & de son amour. Et nous ne l'écoutons pas : nous fermons l'oreille à sa parole, qui nous est annoncée par ceux qui nous parlent en son nom. Nous sommes mesme si malheureux, que de mépriser tous les secours qu'il nous donne, pour nous empescher de nous perdre. Nous ne voulons rien

Nihil ita quotidie homines ut mortem vident: nihil ita obliviscuntur. *Eucher. ad Valer.*

ignorer, que ce qui peut ſervir à noſtre Salut : & nous voulons tout connoiſtre, excepté nos tenébres & noſtre aveuglement, parce que nous l'aimons.

C'eſt le troiſiéme degré de la folie de l'homme, dans l'ignorance où il vit de ſon Salut : & ce degré ſurpaſſe de beaucoup les deux autres. Car ſi c'eſt un mal d'eſtre aveugle, c'eſt le dernier comble du mal que d'aimer ſon aveuglement. L'homme pecheur aime cét eſtat : parce qu'il le rend inſenſible à ſa miſere. Ses tenébres luy plaiſent : parce que la lumiére le trouble, en luy découvrant l'égarement où il eſt. Il évite de s'éclaircir ſur les Jugemens de Dieu, pour ne pas interrompre le cours de ſes plaiſirs par des penſées ſi ſérieuſes. Il ne veut point approfondir ce qui ſe paſſe dans l'autre vie, pour ne pas perdre la fauſſe douceur qu'il a dans la vie preſente. Il affecte cette ignorance, parce qu'elle luy met un voile de-

Noluit intelligere, ut benè ageret. *Pſ.* 35.

vant les yeux, pour luy cacher cét objet terrible de la mort & de l'éternité. C'est par cette ignorance qu'il étouffe dans son cœur les sentimens les plus purs de la Foy, qu'il se défait de cette vigilance incommode, qui represente au Chrétien le compte exact qu'il doit rendre à Dieu de sa conduite : & qu'ainsi il se delivre de la crainte du present, & de l'incertitude de l'avenir. Car pour vivre plus tranquillement dans le desordre, il n'écoute plus, ny les promesses, ny les menaces qu'on luy fait de la part de Dieu. Et comme il ne pense qu'à vivre, sans penser à mourir, il se fait une béatitude imaginaire de la joüissance des biens de cette vie, pour effacer dans son esprit les idées de la veritable béatitude de l'autre vie: & il tombe peu à peu, par une conduite si folle, d'erreur en erreur, de précipice en précipice, d'aveuglement en aveuglement: rien mesme n'est plus capable de le réveiller de cét assoûpissement. Car comme tout parle à celuy qui est Fidele, tout est muet à celuy qui ne l'est pas.

Mais l'extravagance de cét estat paroist encore bien plus, quand on fait réflexion à ce que fait le Chrétien, pour se perdre, malgré tout ce qu'a fait JESUS-CHRIST pour le sauver. Quoy, aprés que nos liens sont rompus, que nos chaisnes sont brisées ; aprés que l'Agneau a esté égorgé ; que le peché a esté détruit ; que la scedule de nostre mort a esté dechirée dans la croix ; que la réconciliation s'est faite entre Dieu & les hommes, à la face du Ciel & de la terre, & que le Royaume de Dieu est devenu nostre héritage : tout cela nous devient inutile, & nous nous perdons encore comme auparavant ! Le Baptême, où nous avons receû les esperances, que l'adoption des enfans de Dieu est capable de nous donner, en nous dépoüillant de la vieillesse du premier Homme, pour nous revestir de l'esprit du nouveau : la mort du Médiateur, les richesses ineffables de sa misericorde, ses Sacremens ne nous servent de rien pour le salut, par l'abus épouvantable que nous en faisons ! Quel aveuglement, d'étouffer tant de graces, & de résister à tant de lumiéres ! Car enfin, nous sommes les seuls de tous les peuples à qui le Royaume du Ciel a esté annoncé, & à qui la Loy de grace, cette Loy si pure, si sainte, si inconnuë au monde, a esté revelée : c'est à nous à qui s'est faite la manifestation des mystéres, à qui la promesse des biens, & la menace des supplices éternels a esté déclarée. C'est nous qui sommes cette race choisie, cette nation sainte, ce Peuple conquis, dont parle Saint Pierre : & qui sommes les enfans de la promesse, bien plus que cét Isaac, qui estoit né selon l'esprit.

Vos autem genus electum, gens sancta, populus acquisitionis. 1. *Pet. c.* 2.

Nos autem promissionis filii sumus. *Paul. Galat. c.* 3.

Ajoûtons à tout cela la circonstance des temps où nous vivons. La Religion est florissante, l'Eglise est dans la prosperité : nos Princes ſont Fideles, le nom de Chrétien eſt en véneration à toute la terre; ceux qui en font profeſſion ſont dans l'élevation : & cependant nous nous laiſſons vaincre dans cette paix. Au-lieu que les premiers Chrétiens ſe ſauvoient dans le combat & dans la perſécution : ils faiſoient triompher leur Foy, parmy les chaînes & les tourmens, & nous ſuccombons dans le calme. Tous ces avantages ne nous ſervent de rien : puis que parmi des ſecours ſi puiſſans, des loix ſi ſaintes, des remédes ſi ſalutaires, nous ne laiſſons pas que de perdre noſtre couronne : parce que nous marchons dans la voye du Salut, comme des incrédules, aprés tant de merveilles que JESUS-CHRIST a faites, pour nous ſauver. Nous regardons l'autre vie comme une choſe incertaine, & nous ſervons Dieu, comme ſi nous n'eſperions rien de luy.

Eſt-ce noſtre orgueïl qui nous aveugle? Eſt-ce la corruption de nos mœurs qui nous endurcit? Où est-ce enfin que nous avons beû ce *calice d'assoupissement*, dont nous parle le Prophete, pour oublier que le Ciel est nostre héritage? Quel sujet de confusion pour nous, si au lieu d'occuper nos esprits des espérances de l'autre vie, nous les consumons dans les vains desirs de celle-cy? C'est ainsi que l'indifférence de ceux qui croient, autorise le libertinage de ceux qui ne croient pas. En effet, quand les impies voient des Chrétiens occupez à faire bastir des Palais magnifiques, à acquerir de grandes terres, à chercher des établissemens : ils ont de la peine à croire ce que nous leur disons de nostre Foy : ils en recherchent la verité plûtost dans la conduite générale de nostre vie, & dans nos actions, que dans nos paroles. Ils ne sçauroient s'imaginer, que nous nous regardions comme des étrangers sur la terre. Nous ne nous y attacherions pas comme nous faisons : si nous avions mis

Calicem soporis bibisti, & potasti usque ad fæces. *Isa. c.* 51.

nostre espérance dans le Ciel. Ils s'affermissent dans leur incrédulité, quand ils voient que nous recherchons avec tant d'ardeur les biens corruptibles & perissables de cette vie. Car ce n'est pas ce que faisoient les premiers Chrétiens, qui aiant entendu parler d'une vie éternelle, se dépoüilloient de tous leurs biens temporels, qu'ils alloient jetter aux pieds des Apostres, aiant l'esprit plein de ces grandes idées de l'éternité, que la Foy leur donnoit.

Cognoscentes nos meliorem habere substantiam. *Heb. c.* 10.

Enfin ce mépris du Salut paroist encore plus extravagant, non-seulement par les suites qui en sont terribles, dont je ne parleray pas maintenant : mais encore par le peu de fruit qu'on retire de cette negligence. Et en verité le parti que prend l'homme sensuel de renoncer aux obligations qu'il a de penser à son Salut, pour se défaire des soins, qu'attire une affaire de cette importance, est-il plus seûr? La paix que promet le monde est-elle plus certaine & plus ſolide, que celle que Dieu promet? La loy de la paſſion eſt-elle plus douce que la loy de la raiſon & de l'équité? Réüſſit-on mieux par la confiance qu'on prend aux vaines eſpérances de la terre, & à la fauſſe ſageſſe de la chair? S'aſſeûre-t-on davantage par là des événemens? En devient-on plus tranquille pour les ſuites, dont les conſequences ſont éternelles? La mort en vient-elle plus tard? Ce cours rapide d'années, qui roulent ſur la teſte du pecheur, en eſt-il plus lent? nullement: car toute la prudence de l'homme ne peut reculer d'un moment la mort, dont l'heure eſt marquée. C'eſt une neceſſité inévitable à tout ce qu'il y a de grandeur & de puiſſance ſur la terre: & cette figure du monde, dont l'éclat nous éblouït, s'évanouïra comme une vapeur: tout ce faſte de la ſageſſe humaine paſſera comme un trait de fumée, & ſe réduira à une poignée de cendres, & à un amas

Præterit figura hujus mundi. 1. *Cor. c.* 7.

confus de poussiére C'est alors que le mondain, qui aura vieilli sous le joug de ses passions, & qui n'aura suivi que ses convoitises, ne trouvera dans luy-mesme, qu'un vuide immense, & une indigence extrême de toutes choses.

Que luy servira alors d'avoir écouté les promesses de la terre, plûtost que celles du Ciel ? Dequoy, diront les superbes, *nous a servi nostre orgueïl, & quel avantage avons-nous tiré de nos grandeurs & de nos richesses ? Car toutes ces choses sont passées comme l'ombre, en un moment*, sans nous laisser aucune trace de leur éclat. Ce sera en vain qu'ils diront ces insolentes paroles, dont nous parle Isaie : *Nous avons fait pact avec la mort, & nous avons fait alliance avec le tombeau : & lors que le fleau de la colére de Dieu se débordera comme un torrent, l'orage ne viendra pas jusques à nous. Car, dit le Seigneur, l'alliance que vous avez contractée avec le tombeau, pour ne pas mou-*

Quid nobis profuit superbia, aut divitiarum jactantia quid nobis contulit? transierunt hæc omnia tanquam umbra. *Sap. cap.* 5.

Percussimus fœdus cum morte, & cum inferno fecimus pactum : flagellum inundans cùm transierit, non veniet super nos: sed, dicit Dominus, Delebitur fœdus vestrum cum morte. *Isa. cap.* 28.

rir, sera rompuë : & la colere de Dieu se débordera sur vous comme un torrent, dont vous serez accablez. En effet, tour le pouvoir de l'homme est trop borné, pour l'empescher de tomber entre les mains d'un Dieu irrité, à qui rien ne peut résister. Ce pecheur qui avoit mis sa confiance dans sa grandeur, a esté humilié : la protection qu'il attendoit de sa puissance a esté confonduë : cette superbe poussiére a trouvé sa fin, comme dit le mesme Prophete : *Celuy qui fouloit avec tant d'orgueïl la terre aux pieds, est réduit en cendres* ; & cét insolent ver de terre, qui levoit hier la teste, sera écrasé demain. Voilà quelle est la destinée de ceux qui cherchent à éviter les rigueurs de la Justice de Dieu, en effaçant de leur cœur ces salutaires impressions, que la Foy y avoit gravées, pour les faire penser à leur Salut.

Finitus est pulvis, consummatus est miser, defecit qui conculcabat terram. *Isa. cap.* 16.

Nous, qui sommes Fideles, ne suivons point ces égaremens si ordinaires à l'esprit humain : n'écoutons point cette fauſſe ſageſſe du monde, qui nous oſte le ſentiment de noſtre devoir : ne ſoyons point ſi cruels à nous-meſmes, que de perdre nos ames, pour flatter nos corps. Ceſſons de courir aprés de faux biens, pour en perdre de veritables. Concluons avec Saint Eucher, que la plus grande de toutes les folies, eſt de negliger l'affaire de ſon Salut : apprenons à nous ſauver, puiſque toute autre ſcience eſt une veritable ignorance : arrachons de deſſus nos yeux ce voile, qui nous empeſche de regarder le Ciel : rompons ces liens qui nous attachent à la terre : enviſageons avec tremblement les conſequences de cette importante affaire : conſultons avec une ſainte fraieur les deſſeins de Dieu ſur nous pour l'éternité : tremblons, en examinant tout ce qu'il faut faire pour nous ſauver, dans la crainte d'obmettre quelque choſe, qui y ſoit neceſſaire. Mais pour nous guerir de la langueur où nous vivons & de

Supra omnem errorem eſt negligere quenquam negotium ſalutis. *Euch. ad Valerian.*

de l'épouvantable enſorcellement, qui nous fait préferer la terre au Ciel, la créature au Créateur, & le temps qui paſſe à l'éternité, qui dure toûjours : remontons à la ſource d'une ignorance ſi dangereuſe, pour en chercher le reméde. C'eſt ce que nous apprendrons dans le Chapitre ſuivant.

CHAPITRE II.

Quelle eſt la ſource de cét aveuglement & de cette ignorance où l'on vit pour le Salut, & quel en eſt le reméde.

L'ESPRIT de l'homme eſt devenu depuis ſa chûte ſi plein de tenébres, qu'il ne connoiſt preſque plus ſon veritable bien : & la pente naturelle qu'il a à la corruption a tellement appeſanti ſon cœur vers la terre, qu'il n'eſt plus touché des eſpérances du Ciel. Tous ſes Jugemens ſont faux ; par-

Multi dicunt, Quis oſtendit nobis bona ? *Pſ.* 4.

Qui perverſi eſt cordis, non inveniet bonum. *Prov.* 17.

ce qu'il ne juge plus, que par les maximes corrompuës de la chair. Il prend le bien pour le mal, & le mal pour le bien : il se sert du poison pour le reméde, & du reméde pour le poison : & sa conduite est un égarement d'esprit perpetuel. Car comme ses veûës sont toutes terrestres, il n'est touché que de ce qui touche les sens ; il ne croit rien de réel & d'asseûré que la vie presente : il ne regarde que comme un songe, ce qui doit arriver aprés la mort : & il ne conçoit rien en tout ce que la Foy nous enseigne touchant l'éternité. Parce qu'il est cét homme sensuel dont parle l'Apostre, qui ne comprend rien dans les choses de Dieu : il les considére comme des folies : & son esprit est si corrompu dans l'aveuglement où il est, qu'il traitte d'insensez & d'aveugles, ceux qui ont d'autres veûës que luy : il condamne de foiblesse la prudence de ceux qui pensent à se sauver, & il fait passer pour des

Vitam carnis quasi permanentem diligunt, qui quanta sit vitæ sequentis æternitas non attendunt; cumque soliditaté perennitatis non considerant, exilium patriam, tenebras lumen, cursum stationem putant : quia qui majora nesciunt, judicare de minimis non possunt. *Greg. lib. 8. mor. c. 8.*

Animalis homo non percipit ea quæ sunt spiritus Dei. 1. *Cor. cap.* 2.

gens de petit ſens, ceux qui renoncent à tout pour leur Salut. Son cœur n'eſt point touché des penſées de l'éternité: parce qu'il ne ſe borne qu'à ce qui eſt preſent. Et toute la vertu de l'homme nouveau, dont il a eſté reveſtu par le Bapteſme, ne luy ſert de rien pour faire le diſcernement des veritables biens & des veritables maux de la vie preſente & de la vie future.

Ainſi il ne s'égare que parce qu'il ne ſçait pas le chemin qu'il faut tenir : il ne ſe porte au mal que par le peu de connoiſſance qu'il a du veritable bien ; & il ne connoiſt point les choſes du Ciel, que parce qu'il eſt trop attaché aux choſes de la terre. Enfin il n'a aucun ſentiment de ſon Salut. Car il n'a aucune idée de l'importance qu'il y a de ſe ſauver. Son eſprit eſt plein de fauſſeté & d'erreur : parce que tout ſon cœur eſt terreſtre : & ceux, dit l'Apoſtre, qui n'ont du gouſt que

Qui terrena ſapiunt. Phil. c. 3.

pour la terre, n'ont aucun ſentiment pour le Ciel. Voylà la première ſource de l'ignorance & du mépris qu'on a du Salut.

La ſeconde vient du peu de foy qu'on a de l'autre vie, & du peu d'eſtime qu'on fait de la récompenſe que Dieu prépare à ceux qui le ſervent. L'eſprit de l'homme eſt trop groſſier, pour concevoir le prix de ce treſor caché de l'Evangile. Ces grandes eſperances d'un Royaume éternel ne font pas d'impreſſion ſur le cœur de la pluſpart des Chrétiens, parce qu'elles leur paroiſſent inconcevables : ils doutent de cette récompenſe éternelle : parce qu'ils n'en comprennent pas le myſtére. Et les deſſeins de Dieu ſur la gloire qu'il deſtine à ſes élûs ſont ſi profonds, la grandeur de ſes promeſſes eſt ſi ineffable, ſes Jugemens ſont ſi incomprehenſibles, que les perſonnes ſenſuelles, & les eſprits charnels du monde n'y conçoivent rien. C'eſt de là, dit le Sage, que vient l'égarement

Magna ſunt judicia tua, Domine, & inenarrabilia verba tua: propter hoc indiſciplinatæ animæ erraverunt. *Sap. c. 17.*

effroyable de leur esprit dans le mépris qu'ils font des espérances éternelles. La Foy est comme endormie, ou mesme presque éteinte dans leur cœur : ce qui y reste de lumiére est trop foible & trop languissant, pour les éclairer dans une vie, qui n'est que l'ombre de la mort. C'est par cette langueur que l'affaire du Salut est un interest auquel on n'est pas sensible : parce qu'on n'en sçait pas l'importance. Ainsi l'on donne pour le plaisir d'un moment, des plaisirs qui dureront toûjours : on vend ses prétentions à l'heritage du Ciel pour un vil & un méprisable bien de la terre. On tombe dans l'extravagance de cét insensé dont parle l'Ecriture, qui vendit son droit d'aînesse pour un plat de lentilles : parce qu'il n'en connut pas l'avantage : & l'on perd tous les droits de cette divine renaissance & de cette adoption toute celeste qu'on reçoit au Baptême. *Si vous connoissiez le don de Dieu*, disoit le Sauveur du

Ex Gen. c. 25.

Si scires donum Dei, & quis est, qui tibi dicit, Da mihi bibere. *Ioan. 4.*

monde à cette femme de Samarie, qui l'interrogeoit sur le Mystére du Salut : si vous sçaviez le prix de cette eau dont la source rejallit dans la vie éternelle, vous ne seriez plus alterée de toutes les eaux impures de la terre. Car le premier effet de la prudence du Chrétien dans la conduite de l'affaire du Salut, est de luy donner du dégoust de tout ce qui est temporel & corruptible. C'est cette prudence qui luy fait voir l'incertitude, & l'inutilité des choses où il avoit mis son affection : & qui l'en détrompe par l'experience qu'elle luy donne de leur fausseté. C'est elle qui luy apprend qu'on ne moissonnera dans l'éternité que ce qu'on aura semé dans le temps; *Que celuy qui semera dans la chair, recueïllera de la chair la corruption*, comme dit l'Apostre.

Fons aquæ salientis in vitam æternam. *Ibid.*

C'est aussi cette prudence de la Foy, qui apprend au Fidele à marcher pendant qu'il a de la lumiére, & qui le presse de faire tout le bien dont il est capable : parce

Quæ seminaverit homo, hæc & metet, quoniam qui seminat in carne sua, de carne & metet corruptionem. *Gal. cap. 6.*

que le jour du Seigneur eſt proche, que la nuit vient, où l'on ne pourra marcher ; & que les momens dont on achete l'éternité ne ſont point à perdre. Ce n'eſt point auſſi aux approches de la mort, qu'il remet ſa penitence : il ſçait que les plus juſtes ont de la peine à tenir leur eſprit appliqué à Dieu, lors qu'il eſt accablé, ou par la foibleſſe de l'âge, ou par la violence du mal. Mais celuy qui manque de Foy devient inſenſible à toutes les penſées du Salut : il s'en oublie durant la ſanté ; il n'a pas la force d'y penſer durant la maladie ; & il meurt ſans aucun ſentiment des choſes de l'autre vie : parce que le rayon de la Foy qui l'éclairoit, s'eſt éteint : il tombe dans l'égarement : & il ne ſçait plus où il va. Mais ſi *la lumiére qui eſt dans vous n'eſt que tenébres, combien ſeront grandes vos tenébres meſmes*, dit le Sauveur du monde ?

Ambulate dum lucem habetis, ut non nos tenebræ comprehendant. *Ioan. c.* 12.

Si lumen quod in te eſt, tenebræ ſunt : ipſæ tenebræ quantæ erunt ? *Matt. cap.* 6.

La troiſiéme ſource de cette ignorance & de cét aveuglement eſt la préſomption. Car outre que c'eſt le propre de l'orgueïl, que d'aveugler l'eſprit, & que la vanité eſt un poiſon ſecret, qui obſcurcit l'ame : Dieu prend encore plaiſir de ſe découvrir aux humbles, en ſe cachant aux ſuperbes : afin de punir l'élevation de leur cœur, par les tenébres de leur eſprit. Il voile aux uns la profondeur de ſes Myſtéres, qu'il dévoile aux autres. Il oſte au préſomptueux cette haute eſtime de l'éternité, qu'il donne aux petits & aux ſimples : & il ne ſe laiſſe point trouver à celuy, qui ne le cherche pas avec un cœur pur & ſoumis. C'eſt en vain qu'on parle à un ſuperbe des grandes récompenſes que propoſe la Foy : il ne voit pas ce que voit le Fidele : parce que ſon orgueïl l'aveugle. Le ſeul humble ſe laiſſe penétrer aux fraieurs des Jugemens de Dieu, qui étonnent le ſuperbe, ſans le toucher. Dieu meſme prend plaiſir de l'abandonner à l'aveuglement, où il s'eſt volontairement jetté : il tombe dans le précipice, en voulant s'élever : & il devient ſemblable à cét Ange orgueïlleux, lequel diſoit, *J'établiray mon Trône au-deſſus des aſtres, & qui fut jetté dans l'abyme.*

Dicebas in corde tuo : In cælum conſcendam, ſuper aſtra Dei exaltabo ſolium meum : veruntamen in infernum detrahêris, &c. *Iſa. c.* 14.

La quatriéme ſource de cét aveuglement eſt une corruption du cœur cauſée par un trop grand amour du monde. Car le monde eſt un charme, qui enchante les eſprits par les apparences trompeuſes de ſes promeſſes, & qui les éblouït par le faux éclat de la vanité. Et quand on eſt une fois enyvré de cét enchantement du ſiécle, l'eſprit s'obſcurcit, le cœur ſe dérégle, on quitte la verité pour en chercher l'ombre : on ne s'occupe que des affaires frivoles de la terre : on vit comme ſi l'on ne devoit point mourir : & l'on oublie tout-à-fait Dieu. Car, comme dit l'Apoſtre, *l'amour du monde eſt l'ennemy de Dieu.* Ainſi la vie ſe paſſe dans une negligence extrême, & dans un mépris épouvantable du Salut. Les

Amicitia hujus mundi inimica eſt Dei. *Iac. c.* 4.

premiéres années sont pleines de legéretez, de folies, d'emportemens; les suivantes son sujettes aux chagrins & aux inquiétudes; & l'intervale des plaisirs & des divertissemens passe avec précipitation. La vieillesse survient, qui éteint comme une glace la vigueur des sens: & aprés qu'on s'est fatigué dans des soins, qui ne servent qu'à dechirer inutilement le cœur, on se consume enfin dans les vains desirs d'une paix & d'une béatitude imaginaire, où l'on ne parvient jamais. Je ne dis rien de l'inutilité des occupations où vivent les gens du monde, dont *les affaires les plus importantes sont de pures bagatelles*, dit Saint Augustin: en quoy leur condition est à plaindre: parce qu'ils emploient dans des soins fort inutiles le temps qui leur est donné pour gagner le Ciel. Je ne parle point du luxe & de la molesse où la plusspart des femmes passent leur vie, sans penser un moment à leur Salut: leur oc-

Majorum nugæ, negotia appellantur, *Confess. l. 1. cap. 9.*

cupation la plus ordinaire eſt de s'attacher à plaire au monde : & l'indulgence qu'elles ont pour leur corps, eſt une marque de la dureté qu'elles ont pour leur ame. Rien auſſi ne détourne davantage l'eſprit de l'homme de la penſée du Salut que l'attachement qu'il a aux biens de la terre', qui le fait gemir ſous le poids des neceſſitez de la vie, dont la peſanteur l'accable. En effet, il eſt difficile, que dans cét accablement, on puiſſe avoir la liberté d'eſprit qu'il faut, pour penſer au Ciel. Comme il paroiſt dans ce peuple, lequel ne pouvoit autrefois écouter Moïſe, qui luy parloit de la terre promiſe, par l'oppreſſion du travail, & par l'accablement d'eſprit, où la ſervitude l'avoit réduit. C'eſt inutilement qu'on parle de l'autre vie au Chrétien qui gemit dans l'affliction & ſous les neceſſitez de la vie preſente. Car l'eſprit de l'homme eſtant en quelque façon eſclave du corps, & ſe trouvant quel-

Narravit Moſes omnia filiis Iſrael, qui non acquieverunt ei propter anguſtiam ſpiritus & opus duriſſimum. *Exod. c. 6.*

quefois accablé ſous ce poids : il eſt ſujet à ſe porter ſans comparaiſon plus aiſément vers les biens ſenſibles, que vers les biens éternels. C'eſt enfin par ce miſerable attachement à la terre, qu'on ſe deſaccoûtume inſenſiblement de lever les yeux vers le Ciel, pour penſer à cette celeſte patrie, où ſont les deſirs & les eſperances des veritables Fideles. Et l'on imite en cela le déréglement de ces deux vieillars, dont parle Daniel, à qui la convoitiſe avoit tellement renverſé l'eſprit, qu'elle les empeſcha de regarder le Ciel, & de ſe ſouvenir des juſtes Jugemens de Dieu. Car rien ne fait tant oublier Dieu à l'homme, que l'attache qu'il a au monde : & rien ne l'attache tant au monde, que l'ignorance de ce qu'il eſt en cette vie, & l'oubly de ce qu'il doit eſtre dans l'autre. Celuy qui eſt poſſedé de l'eſprit du monde ſera envelopé de ſi épaiſſes tenébres, qu'il ne luy reſtera aucun rayon de lu-

Everterunt ſenſum ſuum, & declinaverunt oculos, ne viderent cælum, & recordarentur judiciorum juſtorum. *Dan.* 6. 13.

miére qui puiſſe le retirer de ſon aveuglement, & le rappeller à ſon devoir.

La cinquiéme ſource eſt une laſcheté de cœur, qui ſe rebutte des moindres difficultez. Bien loin d'avoir l'ame aſſez ferme pour renoncer au preſent, & n'enviſager que l'avenir; bien loin d'eſtre aſſez fort pour ſe mettre au-deſſus de toutes les choſes viſibles, & ne regarder que les inviſibles; fermer les yeux à toutes les conſiderations humaines; adorer un Dieu qu'on ne peut connoiſtre, que par les tenébres de la Foy; ſervir un maiſtre, dont on ne peut rien attendre que par l'eſpérance d'une autre vie; ne point écouter les complaiſances ſecretes, qu'on reſſent à pratiquer la vertu; n'attendre aucune loüange des hommes, en ne faiſant que des choſes loüables; bien loin, dis-je, d'avoir le courage qu'il faut pour faire profeſſion d'une Religion auſſi pure & auſſi ſainte que la noſtre, & de faire éclater la vertu de cét esprit nouveau qu'on reçoit au Baptême : on se laisse surprendre à mille pensées de découragement dans la voie du Salut, & l'on s'effraie de tous les obstacles qu'on y rencontre. Cette guerre perpetuelle, qu'il faut sans cesse se faire à soy-mesme, épouvante les plus courageux : la voye étroite de l'Evangile paroist trop rude & trop penible au Chrétien, qui met toute sa confiance en sa propre vertu. On devient peu à peu semblable à ce peuple lasche & timide, dont je viens de parler, qui se laissa décourager, par les differens rapports qu'on luy fit des difficultez & des perils, qui se trouvoient sur la route de la terre promise. Sa défiance luy fit prendre de fausses impressions du chemin qu'il falloit tenir, & le jetta dans le découragement. C'est ainsi que le Chrétien foible & lâche se laisse abbatre aux idées fascheuses, qu'il prend de la vertu : c'est ainsi que la voye pénible du Salut luy

Quò ascendemus ? nuntii terruerunt nos, *&c.* *Deuteron.* c. 1.

fait peur; que ce glaive, qui divise la chair & l'esprit, l'effraye; que cette vigilance qu'il faut avoir sur soy & sur toutes les actions de sa vie, luy paroist impossible; & que tout ce qu'on luy dit de l'autre vie, passe pour des exagérations dans son esprit. Rebuté qu'il est de toutes ces veües, il cherche de fausses raisons : il invente de mauvaises excuses : & il suppose de miserables prétextes, pour mettre à couvert sa lascheté : & peu à peu il tombe du découragement dans la défiance, de la défiance dans le desespoir, & dans l'oubly de son Salut, à quoy il ne songe plus, que comme à une chose qui luy paroist tout-à-fait impossible.

La sixiéme est une espece d'insensibilité pour toutes les choses qui regardent le Ciel : on n'est touché que du present, sans penser à l'avenir; soit que cela se fasse ou par une legereté naturelle d'esprit, qui se distrait de tout ce qui est vain, & qui ne s'occupe de rien de ſolide; ou par un attachement exceſſif à ſa perſonne, qui ne peut ſouffrir d'idées faſcheuſes & deſagréables, telles que ſont celles de la mort & de la fin derniére; ou enfin par une moleſſe de vie, qui ne reſpire que le jeu, la joye, le plaiſir. Quoy-qu'il en ſoit, comme on ne ſe conduit plus que par les ténébres de la chair : ſans écouter les mouvemens de l'eſprit, on abandonne le ſoin de ſon ame, pour ne penſer qu'à ſon corps : & pour ſatisfaire l'eſclave, on laiſſe la maiſtreſſe dans l'oppreſſion : on n'a de l'attention, qu'aux affaires où il y va de la vie, & l'on n'a que du mépris pour celles où il y va de l'éternité. Car quelles méditations ne fait point le politique, pour parvenir à ſes fins ? Quelles ſont les agitations d'eſprit de l'ambitieux, pour s'élever ? Qu'elle eſt la vigilance de l'avare, pour s'enrichir ? Quelles ſont enfin les inquiétudes de la fauſſe prudence de la chair, pour réuſſir dans ſes deſſeins, pendant que toutes les veûës de la vraye prudence du Chrétien ſont oiſives & languiſſantes? Car l'homme charnel penſe à tout, ſans penſer à ſon Salut. Eſt-ce que nous ſommes moins obligez à nous ſauver que ces Chrétiens dont parle Saint Chryſoſtome, qui ſe retiroient dans les plus affreux deſerts & ſur les montagnes les plus écartées, pour ne penſer qu'au Ciel? Ils trempoient leurs lits de leurs larmes : parce que leur cœur eſtoit pénetré des craintes & des fraieurs du Jugement dernier : & qu'ils avoient ſans ceſſe devant leurs yeux le ſouvenir de ce jour terrible, où le Fils de Dieu doit juger les hommes. C'eſtoit dans cette penſée, qu'ils humilioient leurs ames, par l'abbaiſſement & par l'affliction de leur chair. Quelle aſſeûrance avons-nous plus qu'eux, pour eſtre ſi tranquilles? N'eſt-ce point que nous ſommes moins touchez du ſentiment de noſtre Salut? Ou que nos eſprits ſont enveloppez

Magna confuſio, quòd ardentiùs illi perniciosa deſiderant, quàm nos utilia : citiùs ad mortem properant, quàm nos ad vitam. *Bern. Ser. 1. de alt. cord.*

Chryſoſt. homil. in Matth.

d'une épaiſſe nuit, qui nous empeſche de voir ce qu'ils voyoient? Rougiſſons du moins, en nous comparant à ces ſaints Solitaires: & réveillons-nous de l'aſſoupiſſement, où nous a réduit noſtre langueur & noſtre inſenſibilité.

Enfin il ſe trouve dans la corruption du Siécle, dans la fragilité de noſtre chair, dans les foibleſſes ordinaires, auſquelles eſt ſujette la condition de l'homme, dans les ignorances & les legéretez naturelles de noſtre eſprit, dans les égaremens de noſtre cœur, dans le charme de la proſperité, dans l'abbatement dẽ l'adverſité, où la Foy s'affoiblit, dans les fauſſes veüës de la raiſon humaine, & dans les divers accidens de la vie, mille autres ſources imperceptibles d'aveuglement, qui nous perdroient, ſi nous n'avions la Loy de JESUS-CHRIST, comme une ſource perpetuelle de vie, pour nous redreſſer à tous momens, & pour nous rafermir dans la voye du Salut.

C'eſt à vous, mon Dieu, qui tirez la lumiére des tenébres, & la connoiſſance de l'aveuglement, à faire éclater vos graces au milieu de nos miſéres, & à faire des vaſes de miſericorde, ſelon le langage de l'Apoſtre, de ceux qui avoient merité d'eſtre les vaſes de voſtre colere & de voſtre indignation. Conſiderons de quelle conſequence eſt cette affaire, que l'Evangile appelle la ſeule affaire que le Chrétien doive avoir en cette vie. Car rien n'eſt plus capable de luy inſpirer le ſoin qu'il doit avoir de ſon Salut, que d'élever peu à peu ſon eſprit vers le Ciel, & de l'accoûtumer à ſe former une idée digne de la récompenſe infinie que Dieu luy prépare. C'eſt le ſeul reméde à l'aveuglement où l'on vit pour le Salut. Cherchons cette ſageſſe céleſte, qui apprend au Chrétien à avoir la meſme ardeur pour les treſors du Ciel, qu'à l'avare pour les treſors de la terre : faiſons pour nous ſauver les meſ-

Suſtinuit in multa patientia vaſa iræ apta in interitum, ut oſtenderet divitias gloriæ ſuæ in vaſa miſericordiæ. *Rom. c. 9.*

Porro unum neceſſarium. *Luc. c. 12.*

mes choses qu'il fait pour s'enrichir : & pour ne nous rebuter pas des difficultez qui se rencontrent, dans la voye où nous devons marcher, consultons sans cesse ce rayon de la Foy, qui nous propose dés l'entrée de la carriére, la couronne, dont Dieu couvrira le front de celuy qui aura dignement combattu. C'est cette divine lumiére, qui nous découvre l'étenduë immense *de ces années éternelles, que David avoit incessamment devant les yeux,* pour les méditer. C'est elle qui attire toutes nos pensées vers le Ciel, pour nous y découvrir la grandeur & la majesté de celuy, qui sera luy-mesme nostre récompense. Enfin c'est la Foy qui nous fera concevoir l'importance toute entiére de l'affaire du Salut, dont il est à propos de nous éclaircir à fonds dans le Chapitre suivant.

Coronabitur qui legitimè certaverit. 2. *Tim. c.* 2.

Annos æternos in mente habui. *Ps.* 76.

Ego merces tua magna nimis. *Gen. cap.* 15.

CHAPITRE III.

L'importance de l'affaire du Salut.

LE ſeul remede qu'on puiſſe apporter au mal, que nous venons de découvrir, eſt de faire connoiſtre au Chrétien, quelle eſt l'Importance de cette affaire. C'eſt la ſeule ſcience qui puiſſe luy eſtre abſolument neceſſaire : toutes les autres ſciences luy doivent eſtre indifferentes : parce qu'elles luy ſont inutiles pour l'éternité : & plus l'idée qu'il ſe formera de la neceſſité de cette ſcience ſera grande, plus aura-t-il d'attention pour l'acquerir. Mais quelque application qu'on ait à devenir ſçavant dans un Art ſi ſaint, on y profitera peu, ſi l'on ne ſuit que ſes lumiéres. L'eſprit de l'homme eſt trop foible, pour en approfondir le ſecret. Dieu ſeul, qui ſçavez le prix de la gloire que vous avez promiſe au Fidele, laiſſez-en échaper un rayon ſur moy, pour m'en faire connoiſtre l'importance : afin que je puiſſe faire connoiſtre au Chrétien qu'il ne peut avoir d'intereſt ſur la terre, quelque grand qu'il ſoit, qui ne doive ceder à l'intereſt du Salut. Cette importance conſiſte principalement en trois choſes : premiérement, dans le prix ineſtimable de la gloire que Dieu prépare aux Bienheureux ; ſecondement, dans les moyens extraordinaires, dont il ſe ſert pour ſauver les hommes ; en troiſiéme lieu, dans les ſuites terribles de l'éternité, ſur qui roule le poids principal de cette affaire. Examinons ces trois conſidérations.

La premiére eſt le prix du Salut, lequel eſt ſi grand, qu'il ſurpaſſe infiniment tout ce qu'il y a d'eſtimable & de précieux dans le
Matt. c. 13. monde. L'Ecriture Sainte, qui dit les choſes ſimplement & ſans exagération, compare la ſeule penſée

de ſe ſauver à un treſor caché, & à un Royaume : on devient plus riche & plus grand, que tous les grands du monde, dés qu'on penſe à ſon Salut. Et ce Prince dont parle Saint Luc, qui quitte ſon païs, pour aller conquerir un Royaume, & pour en aller prendre poſſeſſion, n'eſt dans le ſens de l'Evangile que l'image du Chrétien, qui penſe à ſe ſauver. Que ſi le ſeul deſſeîn de ſe ſauver a quelque choſe de ſi grand & de ſi conſiderable, que ſera-ce du Salut meſme ? Mais de quel poids peuvent eſtre les autres affaires de l'homme en comparaiſon de celle-cy, puis que les projets les plus grands, les deſſeins les plus vaſtes, les penſées les plus importantes qui puiſſent tomber dans l'eſprit humain, ſe terminent au tombeau ? Il n'y a rien d'éternel dans le monde, que ce qui a du rapport au Salut : & tout ce qui n'eſt pas éternel, doit eſtre peu conſiderable à l'homme, dont l'ame eſt immortelle. Ce ne ſont

Homo quidam nobilis abiit in regionem longinquam accipere ſibi regnum. *Luc. c. 19.*

pas les ſages & les grands du monde, qui en ſoient les plus perſuadez. Ce n'eſt qu'aux ames humbles, à qui Dieu fait gouſter les douceurs de cette Manne cachée, & à qui il fait ſentir le poids incompréhenſible de cette verité, qu'il na point révelée aux ſuperbes. Que cét illuſtre martyr Saint Ignace avoit bien compris ce ſecret, lors qu'aiant eſté condamné à la mort, il diſoit tout tranſporté de joye, *Je commence maintenant à eſtre Chrétien, parce que je ne ſuis plus touché d'aucun deſir des choſes viſibles.* Et ces Saints, dont parle le Sage, le reſſentoient bien, qui faiſoient éclater la fermeté de leur courage au milieu de leurs ſouffrances. *Parce que leur eſprit eſtoit plein d'une eſpérance immortelle.* D'où vient donc que nous ſommes ſi foibles & ſi languiſſans dans les peines, où ces Saints faiſoient paroiſtre tant de force & tant d'ardeur ? Qu'eſperoient-ils que nous n'ayons droit d'eſperer, comme eux ;

Lex Domini ſapientiam præſtans parvulis *Pſ.* 18.

Nunc incipio eſſe Chriſti diſcipulus, nihil deſiderans eorum, quæ videntur *Hieron. de Scrip. Eccl.*

Et ſi coram hominibus tormenta paſſi ſunt, ſpes illorum immortalitate plena eſt. *Sap. c.* 3.

eux : puiſque noſtre Religion nous propoſe la meſme récompenſe qu'elle leur propoſoit ? N'eſt-ce point que l'ardeur de la Foy qui échauffoit leur cœur, eſt éteinte dans le noſtre ? Taſchons du moins à la ranimer par la conſidération des circonſtances, qui peuvent contribuer à nous faire comprendre la grandeur du prix de cette récompenſe, que Dieu prépare à ſes Elûs.

Mais de quels termes pourrois-je me ſervir, pour exprimer l'excellence de ce glorieux héritage des enfans de Dieu ; la grandeur de ce Royaume, qui durera éternellement ; l'immenſité & la richeſſe de ce treſor, qui renferme tous les autres treſors ; & ces biens enfin ſi purs & ſi ſolides, dont l'idée n'a jamais pû tomber dans l'eſprit de l'homme, comme l'aſſeûre le Prophete ? En effet, ſi Dieu à répandu tant de beauté ſur les créatures les plus viles ; s'il a donné tant d'éclat

Oculus non vidit Deus abſque te, quæ præparaſti expectantibus te. *Iſa. c. 64. Mat. c. 6.*

aux Lys, comme dit l'Ecriture; s'il pare les autres fleurs des jardins de ſi brillantes couleurs: que ſera-ce, quand il dévelopera les richeſſes infinies de ſa Toute-puiſſance, pour rendre heureux l'homme, qui eſt le ſouverain des créatures, & le chef-d'œuvre de ſa main? Que ſera-ce, quand Dieu, que nous ne voyons qu'au-travers des nuages & des tenébres de la Foy, dévoilera ſon viſage aux Bienheureux, & leur découvrira ſa gloire toute entiére? Combien grandes doivent eſtre les veritez, dont les ombres, & les figures ſont ſi pleines de merveilles? Car s'il s'eſt trouvé des Philoſophes, qui ont autrefois cherché leur béatitude dans la contemplation pure & tranquille du Ciel, des aſtres, & des autres beautez de la nature: quels plaiſirs aura une ame de vous connoiſtre, mon Dieu, & de penétrer le fond de voſtre eſtre, pour y découvrir ces abyſmes de perfections, que vous

Magna rependet bonis, qui tam magna largitur ingratis. *Eucher. ad Val.*

Quàm magnifica fulgebit perpetuis forma rebus, cùm ſit nunc tam ſpecioſa perituris. *Ibid.*

nous cachez, pour y voir la fecondité infinie de vostre esprit, cette source ineffable de vos origines & de vos émanations éternelles, & les secrets les plus mysterieux & les plus impenétrables de vos desseins, dont nous adorons la conduite, en adorant vostre providence? Et quel sera le plaisir des Bienheureux de vous posseder, par cette connoissance, qui est, selon Saint Jean, cette éternelle vie, qui fait leur beatitude? Heureux le Fidele, qui lassé des créatures, se plongera dans le sein du Créateur: comme un pilote, qui aprés avoir long temps esté battu de l'orage, entre dans le port, pour s'y rafraîchir!

Hæc est vita æterna, ut cognoscant te. *Ioan.*

C'est alors que cette immensité de l'esprit de l'homme, laquelle est la marque la plus grande de la noblesse & de la royauté de son ame, sera entierément rassasiée: c'est alors que les inquiétudes naturelles de ses desirs, qui cherchent à se satisfaire de tout, & qui ne se contentent de rien, seront appaisées : & que l'avidité de son cœur sera remplie : parce que Dieu sera luy-mesme sa récompense. Car il remplira de la plenitude de ses perfections, cette vaste capacité de nos ames, qui trouveront en luy tout ce qu'elles desireront, & qu'il tiendra lieu de toutes choses aux Bienheureux, dit l'Apostre : parce qu'il les remplira de luy-mesme, comme l'asseûre Saint Bernard. Ils jouïront des mesmes délices & des mesmes plaisirs, dont jouït Dieu : la joye sera l'ame & l'esprit de cette bienheureuse vie : tous les sujets de ce Royaume éternel seront des Rois : & chacun des Fideles sera placé sur le Trône de Dieu. Le corps & l'esprit y seront pleinement satisfaits : parce que les larmes, les peines, les douleurs, qui affligent le corps, & les chagrins, les déplaisirs, les inquiétudes, les craintes, qui affligent l'esprit, en

Ut sit omnia in omnibus 1. *Cor. c.* 15. Plenitudo, quam expectamus à Deo, non erit nisi de Deo. *Serm.* 11. *in cap.* 1. *Cant.* Omnia ipse nobis erit, quando ipso sufficiente nihil deerit. *Aug. lib. contra serm. Arrian. c.* 37. *T.* 6.

Non erit amplius neque luctus, neque dolor, quoniam prima abierunt. *Apocalyp. c.* 21.

ſeront éternellement bannies, comme nous liſons dans l'Apocalypſe. Enfin qu'elle ſera la grandeur de la récompenſe, qui nous eſt réſervée dans le Ciel, dit Saint Bernard : puis que la ſeule eſperance, que nous en avons dans cette vie, eſt accompagnée d'un plaiſir céleſte, plus pur que tous les plaiſirs de la terre.

Peut-on croire ces veritez, & n'en eſtre pas touché ? & peut-on connoiſtre le prix de cette gloire, & ne pas ſoûpirer ſans ceſſe aprés elle ? Quel aveuglement d'aymer mieux noſtre miſére & nos foibleſſes, qu'un eſtat ſi tranquille & ſi floriſſant ; de préferer la caducité du vieil homme à cette jeunneſſe du nouveau, qui ne vieillira jamais ; & de ſouhaiter davantage le trouble de cette vie, que le calme de l'Eternité ? Pourrons-nous encore balancer entre les biensde la terre & les biens du Ciel, dans la comparaiſon que nous en faiſons : aprés que la joüiſſance des biens temporels

Vanitas temporalium eſt

nous en fait connoistre la vanité & l'imperfection ? Car il n'y a point de plaisir en cette vie, qui ne devienne une peine dans la suite : les plus grandes douceurs de la terre ont leur amertume : mais ce qui est penible & affligeant ne se trouve point dans le Ciel : ce qui faisoit dire au Roy Prophete, *Seigneur, que vostre demeure est aymable ! mon ame languit & se consume, par l'extrême desir qu'elle a d'entrer dans vostre Palais.* Ce sont les desirs ordinaires des vrais Fideles, qui ne soûpirent qu'aprés leur chére patrie : le dégoust des choses presentes augmente à mesure que le desir des biens éternels croist dans leur cœur. Imitons-les : taschons à meriter le Ciel, du moins par nos desirs : si nous ne pouvons le meriter par nos œuvres : Car la vie du Chrétien, dit Saint Augustin, ne doit estre qu'un desir perpetuel du Ciel. Et en verité un si précieux tresor ne vaut-il pas bien la peine qu'il faut se donner

veritas æternorum. *Ambr. 4. in ect.*

Quàm dilecta tabernacula tua ! concupiscit, & deficit anima mea in atria Domini. *Psal. 83.*

Aug. tract. 4. in Epist. Io.

pour l'acquerir ? Quoy ! cette vie, qui n'eſt que miſére, & dont la durée eſt ſi courte & ſi trompeuſe, merite-t-elle qu'on la préfére à toute la gloire, dont la puiſſance de Dieu veut combler ſes Elûs ? Mais nous ſommes inſenſibles à toutes ces conſiderations, parce que nous n'en comprenons pas encore aſſez l'importance. Le Ciel eſt une énigme à ceux meſmes qui croient, & il paſſe pour une chimére dans l'eſprit de ceux qui ne croient pas. Et les connoiſſances les plus pures & les plus parfaites que nous en ayons, ſont ſi pleines d'imperfection, que ce n'eſt pas merveille, ſi une ſi grande eſperance fait ſi peu d'effet ſur nos eſprits : elle nous devient en quelque façon incomprehenſible, parce qu'elle eſt au-deſſus de toutes nos idées. Mais il vaut mieux s'occuper l'eſprit d'une ſi grande récompenſe, que d'en parler : car elle ſurpaſſe tout ce qu'on en peut dire.

La ſeconde conſideration, qui peut ſervir à faire comprendre l'Importance du Salut, conſiſte dans les moiens extraordinaires dont Dieu ſe ſert pour ſauver les hommes. Car quelle apparence y a-t-il, qu'il remuaſt les reſſors les plus grands de ſa Toute-puiſſance, s'il n'avoit de grands deſſeins? Ce n'eſt pas auſſi ſans raiſon, qu'il ſe ſert du pouvoir ſouverain qu'il a ſur la nature, pour en faire un inſtrument à la gloire des Bien-heureux. Car il eſt juſte que tout ce qui a de la dépendance du temps faſſe hommage à l'éternité. Ainſi, quoy-que la conduite generale de la Providence, en ce qui ſe paſſe icy bas, ſoit voilée en quelque façon, ſous l'apparence des cauſes ſecondes : il ne ſe fait toutefois rien ſur la terre, qui n'ait relation à la prédeſtination des Elûs : parce que l'œconomie de la nature eſt d'un ordre inferieur à l'œconomie de la grace, & que les choſes temporelles doivent eſtre ſubordonnées aux deſſeins éternels. Ce qui a fait dire au Prophete, que les voyes de Dieu ſont étonnantes dans la profondeur de ſes Jugemens. Ainſi ce monde viſible, qui paroiſt à nos yeux, qui eſt l'étude des ſçavans, & l'occupation des politiques, n'eſt fait que pour un monde inviſible, qui ne paroiſt pas : & le Créateur ne regle les mouvemens de l'un que pour ſervir de fondement à l'établiſſement de l'autre. Car cét enchaînement univerſel des événemens de la vie ; cette ſuite d'aventures qui ſe ſuccedent les unes aux autres ; cét ordre ſi ſage, qui regle les reſſors les plus cachez des ouvrages de Dieu ; & tout ce qui ſe paſſe dans le cours ordinaire du monde, n'eſt, dit Saint Paul, que pour les élûs. Le ſecret rapport que toutes les choſes temporelles ont à leur Salut éternel, eſt ce qu'il y a de plus admirable & de plus ſublime dans les deſſeins éternels de Dieu. Ce

Omnes viæ ejus judicia. *Deuter. c. 32.*

Omnia propter electos, ut & ipſi ſalutem conſequantur. *Paul. 2. Tim.*

n'eſt que pour la perfection des Elûs que Dieu ſe ſert de l'imperfection de ceux qui ne le ſont pas : comme ce n'eſt que pour inſtruire ſon Peuple, qu'il maltraite les autres peuples, dit l'Ecriture. C'eſt pour former cette nation ſainte, qu'il détruit les autres nations. Les révolutions meſmes des Etats, & les viciſſitudes les plus importantes des affaires du monde, ſont quelquefois des moiens dont il ſe ſert, afin de ſauver ceux qu'il a choiſis pour avoir part à ſa gloire. Ce ſont-là auſſi les ſecrets les plus grands du myſtére terrible de la prédeſtination, qui faiſoient dire à Saint Paul: *O profondeur des treſors de la ſageſſe de Dieu, que vos Jugemens ſont incompréhenſibles!* C'eſt la puiſſance que le Fils de Dieu a receuë de ſon Pere, d'eſtre le maiſtre de la vie temporelle des hommes, pour leur procurer une vie éternelle, & d'avoir un empire abſolu ſur la chair, pour ſauver l'eſprit. Et quoy-que Dieu n'ait nulle part en la malice

Hæ ſunt gentes, quas Dominus dereliquit, ut erudiret Iſraelem. *Indic. 3. c. 3.*

O altitudo divitiarum ſapientiæ & ſcientiæ Dei, quàm incomprehenſibilia ſunt judicia ejus! *Rom. cap.* 11.

Dediſti ei poteſtatem om-

des hommes, & dans le pouvoir qu'il leur donne d'exercer leurs injustices: il ne laisse pas toutefois de mettre toûjours quelque ordre secret de son équité suprême, & mesme de sa bonté, parmy les plus grands desordres, qui arrivent dans le monde. Il laisse agir les passions des impies, pour faire éclater quelquefois ou les traits de se justice, ou les marques de sa misericorde. C'estoit pour faire des Tobies, des Daniels, des Susannes, & quantité d'autres Justes de la Loy, qu'il livra son Peuple à ses ennemis, & qu'il le tint captif dans Babylone l'espace de quatre cens ans; sans parler des Infideles, que ce peuple convertissoit, par l'édification qu'il leur donnoit, en servant le vray Dieu: comme le remarque Théodoret au discours huitiéme de la Providence. Enfin c'est pour les Elûs que Dieu abrege le cours des temps, & qu'il met des bornes à la durée du monde, comme dit Saint Matthieu

nis carnis, ut omne quod dedisti ei, det eis vitam æternam. *Ioan. c. 17.*

Propter vos misi in Babylonem. *Is. c. 43.*

Propter electos breviabuntur dies. *Mat. 24. Mar. c. 13.*

dans ſon Evangile : & ce n'eſt quelquefois que pour faire un Saint, qu'il renverſe des Empires. Car, *tout eſt pour nous, tout ſe fait pour noſtre Salut*, diſoit Saint Paul aux premiers Chrétiens.

Omnia propter vos. 2. *Cor. c.* 4. Patienter agit propter vos. *Petr. ep.* 2. *c.* 3.

Ce ſont des ſecrets à la verité bien profonds, & des deſſeins qui ſont d'une conduite bien incompréhenſible à nos eſprits : mais ce ſont des veritez, qui ne laiſſent pas de paroiſtre indubitables à ceux qui ont une Foy aſſez humble & aſſez ſoûmiſe, pour obſerver les ordres les plus cachez de la Providence. Car ſi Dieu a quelquefois pris plaiſir d'humilier les autres peuples pour favoriſer le ſien ; s'il a ſacrifié l'Egypte, l'Ethiopie, le Royaume de Saba, & tant d'autres Eſtats, pour le Salut temporel des Juifs, comme dit Iſaie : que ne doit-il point faire pour le Salut éternel de ceux qui l'ayment, & qui le ſervent ? La voie par laquelle il mena ce peuple à la terre promiſe, fut toute miraculeu-

Dedi propitiationem tuam Ægyptum, Æthiopiam, & Saba pro te . . . Ego dilexi te, & dabo homines pro te, & populos pro anima tua. *Iſa. c.* 43.

se : il ouvrit les abymes les plus profonds de la mer, pour le tirer de la servitude, & pour le mettre en liberté : il renversa les murailles d'une grande Ville, au seul bruit des trompettes, pour l'établir dans le Païs qu'il luy destinoit. La gueule des Lions se ferma à sa parole, pour sauver Daniel : la fureur des flammes s'arresta à sa voix, pour respecter la pureté des trois enfans, qui furent jettez dans la fournaise : & il renversa le cours ordinaire de la nature, par des prodiges inouïs, pour faire des faveurs temporelles au peuple, qu'il avoit choisi pour le rendre heureux sur la terre : & nous croirons, qu'il sera moins liberal envers le peuple, qu'il a choisi pour le rendre heureux dans le Ciel. Ce n'est pas le sentiment de Saint Paul, qui dit, que toutes les merveilles de la Loy, ne sont que les ombres & les figures des merveilles de la grace & de la gloire. Regardons donc ces

Hæc autem omnia in figura contingebant illis. *1. Cor. c. 10.*

calamitez publiques, ces desolations d'Empires, ces renversemens d'Estats qui arrivent dans le monde, comme des mers rouges à traverser, où les amis de Dieu se sauvent, pendant que ses ennemis se perdent. Ce sont d'affreux deserts, qui ne laissent pas que de servir de voie & de passage au Fidele, pour le conduire au Ciel, dont la terre promise n'estoit qu'une foible image. Et c'est de ces murailles renversés de la Ville de Jerico, que Dieu prend plaisir de bastir les murailles saintes de cette Jerusalem celeste, qui est la cité des Prédestinez. Car Dieu met sa gloire, & mesme sa bonté, à perdre dans le temps ceux qu'il veut sauver pour l'éternité : & cette perte qu'il permet, est une de ses plus grandes graces : il est sevére pour un moment, afin de faire du bien pour toûjours : ces abandonnemens passagers sont de misericordieuses coléres, semblables à celle dont parle le Seigneur dans le Prophe-

Quæ illis est causa perditionis, nobis autem salutis. *Paul. Phil. c. 1.*

Transivimus per eremum terribilem. *Deut. c. 1.*

Semper aderas misericorditer sæviens. *Aug. Conf. 1. 2. c. 2.*

te : *J'ay détourné mon visage de vous pour un temps, que ma colére a duré : mais je vous ay regardé ensuite avec une misericorde qui ne finira point.*

In momento indignationis abscondi faciem meam parumper à te, & in misericordia sempiterna misertus sum tui. *Isa. c.* 54.

Cette conduite de Dieu nous apprend l'idée que nous devons nous former de l'Importance du Salut : puis que rien n'est estimable devant luy, que ce qui est éternel : toutes les autres affaires sont méprisables en comparaison de celle cy, à son égard. Il ne met Pharaon sur le Trône, dit Saint Paul, que pour faire éclater sa puissance, en l'humiliant : & souvent l'élevation des grands est un moyen pour sauver les petits. Ainsi les desolations publiques, les destructions des Royaumes, les humiliations des puissances de la terre, & les maux les plus universels sont peu de chose devant Dieu. Il n'y a que l'interest du Salut qui soit le veritable interest de l'homme : & les affaires du monde les plus importantes, les gouverne-

In hoc ipsum excitavi te, ut ostendam in te virtutem meam. *Rom. c.* 9.

mens des Eſtats, & toutes les grandeurs de la terre ne doivent luy eſtre conſiderables, qu'autant qu'elles peuvent l'ayder à meriter les grandeurs du Ciel. Ah que ſi nous le croyions, nous ne ſerions pas ſi ſenſibles aux diſgraces temporelles, ny ſi attachez aux biens periſſables de la terre: nous ne reſpirerions que le Ciel, qui doit eſtre le ſeul objet des eſperances & des deſirs du Chrétien.

Mais le Miniſtére des Anges, dont Dieu ſe ſert pour ſauver les hommes, eſt encore bien capable de faire concevoir cette verité. En effet, ces divins Eſprits, qui ſont les plus parfaites des créatures, *ſont emploiez*, dit Saint Paul, *comme des ſerviteurs & des miniſtres pour aider* les hommes *à ſe ſauver*. Et quoy-que leur employ ordinaire ſoit de regler le cours des aſtres, de diſtinguer les ſaiſons, de remuër les reſſors les plus cachez de la machine du monde, & de ſervir

Nonne omnes ſunt adminiſtratorii ſpiritus in miniſterium miſſi propter eos qui hæreditatem capient ſalutis? *Heb. c.* 1.

au réglement univerſel de la nature : ils croient toutefois n'avoir point de plus noble ny de plus ſainte occupation, que celle d'eſtre attachez au ſoin de chaque ame en particulier, & d'imiter en cela leur maiſtre, qui n'eſt venu au monde que pour travailler au Salut de l'homme. Rien ne marque tant auſſi l'Importance de l'affaire du Salut, que cette vigilance ſi recommandée par le Sauveur du monde, dans l'Evangile. Car de combien de figures ſe ſert-il, pour enſeigner au Chrétien la preſſante neceſſité, qu'il y a de penſer à cette affaire, laquelle demande une attention ſi indiſpenſable ? Ces talens, ces nopces, ces vierges, ces ouvriers de la vigne, ce ſerviteur puny & jetté dans les tenébres, cét œconome accuſé de diſſipation, & toutes ces autres images ſi frequentes dans l'Evangile, ſont autant d'avis que le Sauveur du monde donne au Chrétien, pour l'obliger à veiller ſans ceſſe ſur luy-meſme, & pour ne rien relaſcher de l'application, qu'il doit à ſon Salut. Car outre que Dieu a ſes momens, pour faire grace à l'homme, qu'il faut attentivement obſerver: la mort vient comme un volleur, qui ſurprend toûjours celuy qui ne veille pas. Ajoûtez à cela les dangers d'une vie toûjours expoſée à l'orage, & mille autres conſiderations qui nous doivent engager à une vigilance infatigable. Enfin le temps preſſe, la vie de l'homme ne dure qu'un moment: le premier pas qu'il fait venant au monde le mene à la mort. Le trait d'une fleche, le vol d'un oiſeau, la courſe d'un vaiſſeau emporté au gré des vents, ne ſont que de foibles idées de ſa rapidité. Le point du jour eſt déja venu, la nuit va ſuivre: *Hâtez vous*, dit le Seigneur, *pendant que vous avez de la lumiére, de-peur que les tenébres ne vous ſurprennent*. Car ce moment effroiable de la mort, qui eſt

Ioan. c. 12.

la décision de l'éternité, épouvante les plus gens de bien, lors qu'ils considerent la Sainteté de Dieu, la rigueur de sa Justice, la profondeur de ses Jugemens, qui sont si differens des Jugemens des hommes.

Mais aprés tout, rien ne marque tant l'Importance de l'affaire du Salut, que ce qu'a fait le Fils de Dieu pour nous sauver. Car non-seulement il a voulu paroître un objet de mépris aux yeux des hommes, en menant une vie pleine d'abjection : mais, pour se charger davantage de toute la malediction qu'avoient merité nos offenses, il a bien voulu se rendre semblable à nous, jusques à prendre la ressemblance de la chair du peché. Que dirai-je des humiliations qu'il a souffertes dans l'anéantissement de sa vie, & dans l'ignominie de sa mort ? Et il est à croire qu'estant la sagesse essentielle du Pere, il n'auroit pas mis en usage des moiens si extraordinai-

Formam servi accipiens. *Phil. c. 2.*
In similitudinem carnis peccati. *Rom. c. 8.*

res, pour nous ſauver, ſi l'ouvrage de noſtre Salut n'en euſt eſté digne. C'eſt auſſi ſans doute pour cela, que le Prophete appelle la Paſſion de noſtre Seigneur, *le ſouverain effort de ſon bras*, & l'ouvrage le plus grand de ſa Toute-puiſſance. Il a caché, dit Saint Paul, toute ſa force & toute ſa vertu, ſous cette foibleſſe apparente de ſa mort : afin qu'il ne paruſt rien d'humain dans les moiens, dont il vouloit ſe ſervir pour ſauver le monde. Que l'affaire du Salut eſt donc d'une grande conſequence : puis qu'elle eſt le prix du Sang & de la mort d'un Dieu!

Brachium Domini, cui revelatum eſt. *Iſa. c.* 53.

1. *Cor. c.* 1.

Ex pretio veſtro vos æſtimate. *Aug. in Pſ.* 21.

Cette importance ne paroiſt pas ſeulement par la profondeur incompréhenſible des Myſtéres que Dieu a operez pour le Salut de l'homme, & par les moiens extraordinaires dont il s'eſt ſervi pour accomplir ce grand ouvrage : mais auſſi par la ſuite des conſequences qui en ſont terribles : puiſque c'eſt une affaire où il s'agit d'une éternité de peines, ou d'une éternité de bonheur. Mon Dieu, qui comprenez l'éternité, & qui ſeul en avez meſuré l'étenduë, faites-moy comprendre ce que c'eſt : car nos eſprits ſont trop bornez pour concevoir une récompenſe, ou une punition, qui eſt ſans bornes. Longueur, abyſme, étenduë, immenſité de l'éternité que vous eſtes inconcevables! Que la mort, qui doit décider d'une éternité, eſt d'une effroyable conſequence! Et quelle attention, quelle vigilance ne demande point la déciſion d'une affaire ſi importante? Car tout ce qui peut finir, ne doit point entrer en comparaiſon avec l'éternité qui n'a point de fin. Que c'eſt donc une conduite déplorable à l'homme, que de riſquer une éternité pour un plaiſir, qui paſſe ſi toſt, & de perdre un Royaume qui ne finira jamais, pour une vie qui n'eſt qu'un moment! Enfin le Salut de l'homme eſt important: parce que c'eſt le ſeul ouvrage de

Hoc eſt opus Dei ut credatis. *Ioan. c.* 6.

la Toute-puiſſance de Dieu, qui durera. Ses autres ouvrages ſeront détruits : le Ciel & la terre paſſeront : & l'éternité bienheureuſe, qui ſera la récompenſe du Chrétien, ne paſſera point. C'eſt ce grand ouvrage, non de la ſageſſe du monde, mais de la ſageſſe de Dieu, que preſchoit Saint Paul : c'eſt à dire, *de cette ſageſſe myſterieuſe & cachée, qu'il avoit préparée avant tous les Siécles pour noſtre gloire, & de laquelle il eſt écrit que l'œil n'a point veû, l'oreille n'a point entendu, le cœur de l'homme na point conceû, ce qne Dieu à preparé à ceux qui l'ayment.*

In ſervis ſuis ipſe Dominus operatur opus ſuum. *Hieron. ad Cypr.*

Loquimur Dei ſapientiã in myſterio, quæ abſcondita eſt, quam prædeſtinavit Deus ante ſæcula, quod oculus non vidit, nec auris audivit, nec in cor hominis aſcendit, quæ præparavit Deus iis qui diligũt illum. 1. *Cor.* 2.

Je pouroirs ajoûter à ces conſiderations, les difficultez preſque inſurmontables, qui ſe rencontrent dans la voie du Salut, pour en exprimer davantage la conſequence. Je pourrois repreſenter au Chrétien l'idée du terrible tribunal, où nous devons eſtre jugez, la rigueur des vengeances de Dieu, & la ſeverité de ſes Jugemens. Je luy ferois

Terribilis autem quædam expectatio judicii. *Heb. c.* 10.

voir de quels précipices le chemin eſt environné, quels en ſont les égaremens ; à combien d'écueïls & de naufrages eſt ſujette cette mer, où il faut s'embarquer ; combien le cours en eſt hazardeux. Je luy montrerois l'incertitude de la mort, dont nous voions tous les jours des exemples ſi déplorables ; car comment meurent la pluſpart des Chrétiens ? Je luy ferois comprendre quelle eſt la puiſſance des ennemis inviſibles, qui ſe rencontrent ſur la route : combien le pouvoir que Dieu donne au Prince des tenébres, eſt à craindre aux enfans de la lumiére : quels piéges nous dreſſe cét eſprit de menſonge par ſes impoſtúres, & par ſes déguiſemens ; quelle eſt la legéreté & la foibleſſe de noſtre eſprit dans tout le cours de cette penible carriére, où le monde combat ſans ceſſe nos réſolutions au dehors, & où nos paſſions nous font une guerre continuelle au dedans. Je luy ferois voir le petit nombre de ceux qui se sauvent, par la difficulté qu'il y a de marcher dans la voie étroite du Salut. Et par-dessus tout cela je luy tracerois une étonnante peinture du redoutable mystére de la Prédestination, dont la seule veûë causoit des frayeurs & des étonnemens si étranges à Saint Paul, & à Saint Augustin, qui ont esté les seuls qui l'ont mieux comprise, & qui l'ont plus penétrée. Heureux celuy, qui sçait humilier son cœur, sous la hauteur ineffable des desseins de Dieu dans un mystére si terrible : & qui, bien loin d'abuser de ses bontez, tremble toûjours dans la veûë de sa justice, sans perdre la confiance en sa miséricorde. Car ce mystére est si inconcevable à l'homme, qu'il s'est trouvé presque dans tous les Siécles, de petits esprits, qui ont heurté à cette pierre, & qui ont échoüé a cét écueïl : parce que leur orgueïl à voulu penétrer le secret de Dieu, qui doit estre impenétrable à l'homme. Pour moy, j'adoreray

Offenderunt in lapidem offensionis. *Rom. c. 9.*

reray avec un profond reſpect, la bienfaiſante main de Dieu, qui me comble de ſes graces, ſans vouloir découvrir dans le myſtére de la prédeſtination, ce qu'il a voulu me cacher : & ſans oſer lever, par une curioſité préſomptueuſe, ce voile qui couvre à la créature les ſecrets du Créateur.

Voilà l'idée que le Chrétien doit avoir du prix de ſon Salut, par celuy de la gloire qui luy eſt préparée, par la grandeur de la rédemption, & par la conſideration des conſequences d'une ſi importante affaire : pour entrer dans l'obligation indiſpenſable qu'il y a de penſer ſerieuſement à ſe ſauver. C'eſt la concluſion qu'il faut tirer de tout ce diſcours : que cette ſeule affaire nous paroiſſe grande, comme elle eſt, & que tout le reſte nous paroiſſe petit. Et puiſque le fils de Dieu met toute ſa gloire à nous ſauver, comme dit Saint Chryſoſtome : mettons toute noſtre prudence à oſter les

Homil. 7. in 1. ad Corint.

obſtacles de noſtre Salut, & à en chercher les moyens.

CHAPITRE IV.

Les obſtacles du Salut.

QUAND une fois le Chrétien eſt touché d'un veritable deſir de ſe ſauver, par l'idée qu'il s'eſt faite de la conſequence & de la neceſſité d'une ſi importante affaire : cette ſainte prudence du Chriſtianiſme, que la chair & le ſang n'a point révelée, & qui n'eſt pas le fruit d'une étude & d'une experience humaine, mais l'effet de la ſeule grace de Dieu, commence à luy donner la penſée de prendre ſes ſeûretez, dans un chemin ſi difficile & ſi perilleux. C'eſt cette ſageſſe toute celeſte, qui en éclairant l'eſprit, purifie le cœur, pour luy faire goûter Dieu, & les choſes de ſon Salut. Mais qu'on ne s'y trompe pas : cette perſuaſion n'eſt l'effet que d'une longue perſeverance dans la ſolide piété : & ce n'eſt que le fruit de cette prudence, que Dieu nous apprend dans l'Ecriture, & qu'il grave dans nos cœurs par les ſaintes impreſſions de ſon eſprit. Au reſte, ce n'eſt pas aſſez que la lumiére de la Foy, qui eſt la vraie ſageſſe du Chrétien, luy apprenne à mépriſer tout ce qui eſt ſur la terre, pour n'eſtimer que ce qui eſt au Ciel : ſi elle ne luy inſpire encore cette vigilance humble, & cette fervente circonſpection, qui eſt ſi neceſſaire, pour trouver le vray chemin du Ciel, & pour en éviter les détours & les obſtacles. Car le vray Fidele eſt comme un ſage pilote, toûjours attentif à ſa route, qu'il étudie en conſultant le Ciel, qui ſeul le peut guider. Ce n'eſt que de là qu'il doit prendre des regles de ſa conduite, pour arriver au port, ſans s'égarer. Car le Chrétien vit dans le monde comme ſur une mer incertaine & pleine de dangers, avec une attention continuelle pour les éviter : & son premier soin est d'oster tout ce qui peut estre un empeschement à son Salut ; comme la premiére démarche de la prudence humaine dans les affaires du monde, est d'en éloigner les obstacles. Mais voions quels sont les empeschemens les plus ordinaires du Salut, pour y remédier.

Je ne prétends rien dire de l'Infidelité, de l'Herésie, du Schisme, qui sont les obstacles les plus essentiels au Salut : parce que je ne parle qu'à des Fideles. Je dis seulement qu'on ne peut se sauver hors de cette Eglise, qui a esté bastie sur le fondement solide & inébranlable des Apostres & des Prophetes, dont parle Saint Paul : & hors de ce troupeau que JESUS-CHRIST nourrit de sa chair & de son Sang, dont il est le Pasteur. On sçait bien, que rien n'est plus opposé au Salut, que d'avoir des opinions differentes à cette Eglise, & que de n'estre pas soumis à ses sentimens. Car on ne peut estre uny à

Domestici Dei superædificati super fundamentum Apostolorum, & Prophetarum. *Ephes. c. 2.*

JESUS-CHRIST, qu'on ne soit uny à son Eglise : hors de cette union, il n'y a point de Salut pour ces brebis égarées, qui n'ont pas entendu la voix du vray Pasteur.

Le premier obstacle dans la voie du Salut, est l'orgueïl : car comme la crainte & la défiance de soy-mesme, en est le fondement, la présomption en est l'obstacle, dit Tertullien. Ces branches naturelles qu'on a rompu de l'arbre, pour y enter des greffes étrangéres, dont Saint Paul fait une image si terrible dans son Epître aux Romains : ces Juifs, qui ont esté rejettez de la voie du Salut, pour faire place aux Gentils : parce que l'orgueïl de ce peuple, autrefois chery de Dieu, le rendit indigne de la continuation des ses graces, doivent nous faire comprendre, que c'est un grand obstacle au Salut, que la présomption : parce que ce n'est que par la soûmission d'esprit & par l'humilité de cœur, qu'on est

Timor salutis fundamentum est præsumptio impedimentum. *Tertul.*

Fidele. Il ne faut point tant raisonner sur le Salut. C'est par la Foy qu'on se sauve, & non pas par la subtilité du raisonnement. On ne va au Ciel que par les lumiéres du Ciel, & non pas par les fausses lumiéres de la terre. C'est à Dieu à nous faire marcher dans sa voie ; c'est à luy à estre nostre guide. Ce n'est-pas à l'homme à se conduire luy-mesme, dit le Prophete. Ce n'est ny par la pénétration, ny par la force de l'esprit qu'on gagne le Ciel ; c'est par l'innocence & par la simplicité. Car, *considerez, mes fréres*, dit Saint Paul, *ceux d'entre vous, que Dieu a appellez à la Foy : il y en a peu de sages selon la chair ; il y en a peu de puissans ; il y en a peu de nobles : il a choisi les plus vils & les plus méprisables, selon le monde, & ce qui estoit petit, pour confondre ce qui estoit grand : afin que l'homme ne se glorifie point devant luy*, pour laisser par là les faux Sages du monde dans leur veritable folie. Ce fut

Non est in homine via eius, neque viri, ut dirigat gressus suos. *Ierem.* c. 10.

Videte vocationem vestram, fratres, quia non multi sapientes secundùm carnem, non multi potentes, non multi nobiles : sed infirma elegit Deus, ut confundat fortia, ut non glorietur omnis caro in conspectu Dei. 1. *Cor.* c. 1.

Ubi nunc sapientes tui stulti facti sunt. *Isa.* c. 19.

ainsi que les Juifs se perdirent, c'est à dire, par la présomption de cette fausse justice de leurs œuvres, qui leur éleva le cœur : & comme la vie humble de JESUS-CHRIST, & l'ignominie de sa mort les scandaliza : ils se heurterent, dit l'Apostre, à cette pierre d'achopement, dont les divins abbaissemens les avoient choquez. Leur orgueïl fit leur ingratitude, & leur ingratitude causa leur réprobation. Car Dieu, qui fait grace aux humbles, résiste aux superbes, en répandant ses tenébres sur leur esprit, quand il luy plaist : pour rendre insensée la sagesse de ceux, dont il veut punir la présomption. *Ces branches*, dit Saint Paul, *ont enfin esté rompuës par leur incrédulité : Pour vous*, dit-il au Fidele, *vous demeurez ferme par vostre Foy : mais que la crainte & la défiance de vous-mesme, vous empesche de vous glorifier.* Car si Dieu à traitté son Peuple favory avec tant de rigueur : s'il n'a pas

Offenderunt in lapidem offensionis, sicut scriptum est. *Rom. c. 9.*

Fracti sunt rami, benè : propter incredulitatem fracti sunt : tu autem fide stas : noli altum sapere, sed time : si enim Deus naturabilibus ramis non pepercit, ne forte non tibi parcat. *Rom. c. 11.*

épargné les branches naturelles de cét arbre, qu'il élevoit : vous devez craindre qu'il ne vous épargne pas aussi. Et ne nous abusons pas sur la confiance de nos mérites : la pureté de mœurs meslée d'arrogance est un plus grand obstacle au Salut, que le crime humilié : & le pecheur qui se défie de soy, plaist davantage à Dieu, que l'innocent présomptueux. Abbaissons-nous donc devant Dieu, pour nous rendre dignes de ses graces : ne consultons plus nos sens, quand la Foy leur à imposé silence : n'écoutons point nos sentimens, pour nous écarter des sentimens de l'Eglise : ne raisonnons point sur ses décisions, quand elle a parlé : soions humbles & dociles en toutes choses : puisque nostre Religion ne demande de nous que de la soûmission. Ses Mystéres sont si grands, qu'aprés mesme qu'ils sont accomplis, il faut estre soûmis pour les croire. On s'égare, dés qu'on se suit ; & l'on se perd, dés qu'on s'éécoute : car Dieu prend plaiſir de confondre le ſuperbe par ſes propres tenébres. C'eſt ainſi qu'il traita les Juifs, qui ſe glorifioient de leur Juſtice : & il eſtoit juſte qu'il rejettaſt ce peuple vain & arrogant, pour en aymer un plus ſoumis. Evitons donc l'orgueïl, pour ne pas attirer ſur nous une punition ſi terrible. C'eſt eſtre Juif, que de mettre ſa confiance dans ſa vertu. La ſeule ſeûreté du Chrétien eſt de trembler toûjours, de ſe défier de ſoy, & de ſe confier en la miſericorde de Dieu : pour éviter ce premier obſtacle du Salut, qui eſt l'orgueïl.

Le ſecond obſtacle eſt l'eſprit du monde, qui eſt un eſprit de plaiſir, de moleſſe, de luxe, de vanité, d'ambition, d'intrigue, d'engagemens criminels, de paſſions, de déguiſement, de perfidie, & de tous les autres vices, qui déréglent l'eſprit, & qui vont au relaſchement univerſel des mœurs. Car on perd le gouſt des choſes ſaintes, dés qu'on eſt une fois enivré des douceurs du monde, avec qui on ne peut avoir de commerce innocent. Je parle de ce monde corrompu, où l'amour du plaiſir regne ſi ſouverainement : ce monde réprouvé par JESUS-CHRIST, pour lequel il n'a pû prier, lors meſme qu'il prioit pour ſes bourreaux, & pour ceux qui le crucifioient. Il eſt vray que le vain éclat qui l'environne, ne laiſſe pas que d'éblouïr. C'eſt un charme qui oſte le diſcernement à l'homme : qui luy fait paroiſtre frivole ce qui eſt ſolide, & ce qui eſt ſolide, il le luy fait paroiſtre frivole. Le temps qui s'échape, le touche : l'Eternité qui dure toûjours ne le touche point : & la poſſeſſion du preſent luy ſemble préferable à toutes les grandes eſperances de l'avenir. Mais comme cette fauſſe lueur ſe diſſipera bientoſt : parce qu'enfin la figure de ce monde paſſe comme une vapeur : détrompons-nous une bonne

Totus mundus in maligno poſitus eſt. 1. *Ioan.* c. 5.

Non pro mundo rogo. *Ioan.* c. 17.

fois de cét enſorcellement, dont la vanité trompe noſtre eſprit. Fuïons le Siécle, & les enfans du Siécle : pour éviter le méchant air, qu'on y reſpire, dans le commerce qu'on a avec eux, & pour n'en eſtre pas infecté : car il n'y a point de vertu, qui ne s'y laiſſe flaîtrir. Une femme mondaine, quelques pures que ſoient ſes mœurs, & quelque innocente que ſoit ſa conduite, devient criminelle, par les ſeuls attachemens qu'elle a à ſa vanité. C'eſt une folie que de prétendre d'eſtre pur au milieu de la corruption, & d'eſtre invincible dans le plaiſir. Cét air empeſté du monde eſt le plus grand obſtacle du Salut : car il envenime l'eſprit, & il corromp le cœur de ceux qui le reſpirent. Mais pour en éviter le peril, taſchons à reſſembler à ce Saint Eveſque, qui écrivoit autrefois à un de ſes amis, que le monde eſtoit devenu ſi groſſier à ſon égard, que *ſon éclat n'avoit plus rien qui penſt le ſéduire :*

Vix jam habet mundus ut fallat : pe-

si nous ne nous trompons nous-mesmes, disoit ce Saint, *le monde ne peut plus nous tromper* : tant ce Prélat estoit desabusé de la fausseté du monde & de tous ses artifices. Nous lisons dans la vie des Peres, que Saint Macaire passant un jour le fleuve du Nil, convertit un Cavalier par une seule parole qui luy fit ouvrir les yeux, & qui le détrompa de bien des choses. *Nous nous joüons du monde*, luy dit-il, *nous qui sommes a Dieu : & le monde se joüë de vous, qui estes à luy. N'aymez donc point le monde, ny ce qui est dans le monde*, selon l'avis que donnoit Saint Jean à ses Disciples : *Car si quelqu'un aime le monde, l'amour de Dieu n'est point dans luy.* Mon Dieu, brisez les liens, qui m'attachent au monde, & qui m'empeschent de marcher dans la voie du Salut, que vous m'avez montrée : dissipez ce nuage, dont l'amour de moy-mesme, & la vanité me couvrent les yeux, pour me détourner de

riit illa imago rerum ad accipiendum usque decora: nisi nosmetipsos decipimus, pæne mundus decipere non potest. *Euch. ad Valer.*

Ruff. in vit. Pat. l. 2.

Nolite diligere mundum, neque ea quæ in mundo sunt: si quis diligit mundum, non est charitas Patris in eo. *Ioan. c. 2.*

mon chemin. Car aprés tout cette vaine grandeur du monde, n'eſt qu'un veritable néant : & Dieu, pour punir les Grands, qui le méprisent, n'a qu'à les laiſſer dans cette profonde indigence, qu'ils ont préferée à la lumiére de ſa ſageſſe, & aux richeſſes de ſa bonté.

Le troiſiéme obſtacle du Salut, qui a bien du rapport au ſecond, eſt la proſperité. David tomba dans le peché, dés qu'il devint victorieux : ſes ſuccés le jetterent dans l'oiſiveté & dans la moleſſe, & il ſe perdit, dés qu'il ſe crût en ſeûreté. Car la proſperité eſt l'écueïl le plus ordinaire des grandes ames : parce qu'elle rend le cœur leger, volage, inconſtant, ſans arreſt & ſans aucune ſolidité. Dés qu'on eſt heureux, on aime la vie, on y a de l'attachement, à cette vie, qui n'eſt que l'ombre de la mort, que nous traînons dans cette vallée de larmes, où nous vivons environnez de tant de miſéres. Et comme l'a-

Ex cap. 11. l. 2. Regum.

Mox ut honorificati fuerint & exaltati, deficientes quemadmodum fumus deficient. *Pſal.* 36.

bondance, les richesses, les honneurs, la grandeur inspirent un esprit de rélâchement au Chrétien : elles devienent un grand obstacle au Salut. Ce n'est pas aprés tout qu'elles y soient un empeschement essentiel : puisque Abraham, David, Constantin, Saint Louïs, & tant d'autres gens de qualité se sont sauvez : mais c'est qu'en effet, il est presque impossible d'estre grand, sans se laisser éblouïr à l'éclat de sa grandeur, & d'estre riche, sans faire un mauvais usage de ses richesses. Il faut une grace extraordinaire, & une vertu au dessus du commun, pour n'user des richesses & des honneurs que dans les régles du devoir : une vertu commune ne suffit pas pour conserver son innocence dans la grandeur, & pour se soûtenir dans la prosperité. Tertullien avoit peine à concevoir qu'on peust estre puissant selon le monde, & Chrétien tout ensemble. C'est un des miracles

Tertull. in Apolog.

de nostre Religion d'inspirer de la modestie à un Grand, & de l'équité à un homme heureux : & tel se perd dans l'abondance & dans l'élevation, qui se sauveroit dans la bassesse d'une fortune médiocre. Pendant que vous aurez l'esprit plein des pensées de vostre gloire & de vostre fortune, quelque avis qu'on vous donne pour vostre Salut, quelque verité qu'on vous annonce de l'Importance qu'il y a d'y penser : vous n'en serez pas touché. Mais à quoy se terminera vostre aggrandissement ? Puisque le plus grand Seigneur du monde n'est que comme un personnage de theâtre : sa grandeur durera autant que la Comédie : & quelle folie seroit-ce à un Chrétien, si pour avoir cette grandeur passagére, qui dure si peu, il renonçoit à la veritable grandeur & à la gloire de l'Eternité ? Vous avez fait retentir toute la terre de vostre nom ; vous avez ébloui tout le monde de

Felicitatis est à felicitate non vinci. *Aug. in Psal.* 50.

vos Succés ; vostre ambition vous a élevé au faiste des grandeurs : mais vous mourrez demain. Et que deviendrez vous pendant l'Eternité, si pendant le temps vous avez oublié Dieu & vostre conscience ? Enfin l'abondance & la prosperité est comme un poison secret, qui gaste tellement tous les autres moyens qu'on peut avoir de se sauver, qu'elle les rend presque inutiles. La vocation à la Religion Chrétienne, le Baptême, l'usage des Sacremens, les exhortations, la priére, la probité naturelle, & les autres bonnes qualitez de l'esprit, perdent leur vertu pour le Salut, quand elles se rencontrent ou avec de grands honneurs, ou avec de grandes richesses. Car outre que l'un & l'autre corromp d'ordinaire le cœur : il est fort difficile de se sauver, quand on est riche, ou qu'on est grand : parce que le Christianisme est une profession de pauvreté, de souffrance, & d'humilité. C'est pourquoy Dieu, dit le Sage, qui est le dispensateur des biens, donne les tresors de la terre aux grands, & les tresors du Ciel aux petits & aux humbles : il destine les humiliations & les peines à ses amis, pour les préparer par là à la gloire : pendant qu'il abandonne les grandeurs & les richesses aux réprouvez, qu'il laisse joüir, parmy leur crimes, des prosperitez temporelles, en attendant à leur faire sentir sa Justice, aprés qu'ils auront méprisé sa misericorde.

Le quatriéme obstacle est la tiédeur d'ame réprouvée par l'Ange de l'Apocalypse : parce que c'est la disposition la plus contraire où l'on puisse estre pour le Salut. Car elle inspire au milieu du commerce des choses les plus saintes, une espece de dégoust, qui refroidit l'ardeur qu'on doit avoir pour le bien : elle desseche dans le cœur toute l'onction de la piété; elle y détruit la crainte de Dieu, *Apoc. c. 3.*

& tous les ſentimens les plus tendres de la dévotion : elle rend les inſtructions inutiles, en empeſchant de les pratiquer. On ſe laiſſe tellement aller au relâchement, par cette tiédeur : qu'on ne ſent plus ce qu'on avoit coûtume de ſentir dans l'exercice de la vertu : on ne croit plus ce qu'on croyoit : on fuït la peine : on a de l'horreur de tout ce qui paroiſt difficile : on neglige à ſe vaincre : on ferme les yeux à ſon devoir : & l'on étouffe toutes les lumiéres de la grace. Voilà l'eſtat de la tiédeur, pire mille fois, que les froideurs de l'ame les plus mortelles : parce que le pecheur ſent quelquefois ſon mal : & le tiéde ne le ſent pas : ſa langueur eſt un endurciſſement auſſi funeſte que la mort meſme. Car c'eſt la tiédeur, qui éteint dans l'ame du Chrétien cette ferveur, qui luy eſt ſi neceſſaire pour combattre ſans relâche ſes deſirs, & pour ſe faire cette violence, qui ſeule eſt capable de gagner le Ciel. C'eſt elle qui luy donne du dégouſt pour la vertu, & de l'indifference pour le vice : & qui relâche cette ſainte vigilance ſi recommandée dans l'Evangile, ſans laquelle l'on ne peut ſe ſauver. Comme on eſt toûjours dans le peril, dans une voye auſſi pleine d'ennemis qu'eſt celle où nous marchons : on doit ſe tenir toûjours ſur ſes gardes. Car tout fait la guerre au Chrétien, comme dit S. Leon; & il ſe laiſſe vaincre dès qu'il ceſſe de combattre. La paix qu'il fait avec ſon ennemy eſt pire que la guerre, & l'orage eſt beaucoup plus grand, dans le calme. *Prenez y garde*, dit Saint Jerôme, *ne vous relâchez jamais dans la penſée que vous eſtes en ſeûreté: la tranquillité eſt au Chrétien une eſpece de tempeſte*, dont il ne ſe ſauve preſque point. Mais ſi celuy qui s'arreſte au milieu de ſa courſe : ſi celuy qui regarde derriére ſoy aprés s'eſtre mis en chemin : ſi

Plena ſunt omnia periculis, plena laqueis invitant cupiditates, inſidiantur illecebræ. *Leo ſer. 5. in Quad.*

Timent in ſereno pati tempeſtaté. *Hier. l. 2. contra Pel.* Nolite eſſe ſecuri: iſta tranquillitas tempeſtas eſt. *Hieron. ad Hel.*

celuy qui ayant mis la main à cét important ouvrage du Salut, & qui est capable de relâcher le moins du monde, n'est pas propre au Royaume de Dieu, comme dit l'Evangile. Que sera-ce de ceux, qui, par une lascheté criminelle, abandonnent le poste où la Providence les a mis, en quittant l'engagement de vie où Dieu les avoit appellez pour les sauver? Car c'est renverser l'ordre qu'il a étably pour vostre Salut : c'est quitter la voye que Dieu vous a marquée, pour marcher dans vostre voye. Soyons donc Fideles à le suivre, si nous voulons ne jamais nous égarer : il est plus sage & plus éclairé que nous : il sçait mieux par quel chemin nous pouvons nous sauver, que nous-mesmes : Mais taschons d'avoir cette soif & cette faim de la Justice, que le Fils de Dieu preschoit à ses Apostres, pour les encourager dans la penible course du Salut. Ne disons point avant que de

Nemo mittens manum ad aratrum, & respiciens retrò, aptus est regno Dei. *Luc. 9.*

Beati qui esuriunt & sitiunt justitiam *Mat. cap. 5.*

nous metre en chemin : Il faut que je pense à ma famille, que je mette ordre à mes affaires. Ce retardement seroit une marque de l'indifference que nous avons pour le Ciel. Souvenons-nous de celuy qui demanda au Fils de Dieu, du temps pour régler son domestique, & pour renoncer à ses biens, lequel en fut rebutté. Si nous differons nos bonnes résolutions : l'ennemy, qui veille à nostre perte, trouvera le temps de les renverser Et pour guerir cette paresse interieure, si dangereuse à l'ame, écoutons avec frayeur les menaces que fait l'Ange à l'Evesque de Laodicée : *parce que vous estes tiéde*, c'est a dire, parce que vous n'estes ny entiérement froid, ny entiérement chaud : *je suis prest de vous vomir de ma bouche, & de vous rejetter*. Tant cét estat est insupportable à Dieu, qui ne peut souffrir, sans quelque marque de douleur, l'indifférence épouvantable

Sequar te Domine, sed permitte renuntiare his quæ domi sunt. *Luc.* c. 9.

Sed quia tepidus es, incipiam te evomere ex ore meo. *Apoc.* c. 3

du Chrétien, qui luy fait l'outrage, d'eſtre tiéde & languiſſant pour ſon Salut, aprés ce qu'il a fait pour le ſauver.

Il y a pluſieurs autres obſtacles au Salut, qui peuvent ſe réduire à ceux dont je viens de parler: comme ſont les injuſtices ſecretes, les oppreſſions ouvertes & déclarées, les inimitiez, les jalouſies, les murmures, les envies, les calomnies, & tout ce qui eſt capable de rompre l'union parmy les Fideles. Je ne dis rien de cette vie molle & voluptueuſe de la pluſpart des Chrétiens d'aujourd'huy, de ces attachemens criminels qui durent pendant la vie, de ce déréglement du luxe qui regne dans les mœurs du ſiécle, de cette ambition effrenée des Grands du monde, qui n'ont l'eſprit occupé que d'intrigues, pour leur établiſſement. Ce ſont des obſtacles ſi eſſentiels au Salut, que les Sacremens qu'on frequente, pendant que cela dure, ne ſervent qu'à irriter encore davantage la Justice de Dieu. Mais ce qui est de plus horrible, & ce qui faisoit ces frayeurs, dont Saint Paul estoit saisi, & ces profonds étonnemens, que luy causoit la réprobation des Juifs, est que JESUS-CHRIST, qui estoit le plus grand de tous les moyens, devint à ce peuple le plus grand de tous les obstacles, par l'extrême aveuglement de leur orgueïl. Car l'abbaissement où il parut pendant sa vie & sa mort, les offença tellement, qu'ils aimerent mieux se révolter contre toutes les lumiéres de la Loy, que de se soûmettre à l'Evangile, & de renoncer au Pere plûtost que de croire au Fils. C'est ce qu'avoit prédit leur Prophete: *Celuy qui deviendra vostre sanctification, deviendra aussi une pierre de scandale, & un sujet de ruine à ceux qui habitent dans Jerusalem.* Il en est presque ainsi de tout ce qui arrive dans la vie: il ne s'y passe rien

Qui erit vobis in sanctificationem, & in petram scandali, & in ruinam habitantibus Jerusalem. *Isa. c. 8.*

dans l'ordre de la Providence de Dieu, qui ne ſoit un moien pour le Salut : mais qui par l'abus qu'on en fait, devient un empeſchement. David ſe ſanctifie ſur le Trône, où Saül ſe corromp. Le Phariſien devient criminel dans le Temple & aux pieds des Autels, d'où le Publicain ſort juſtifié. C'eſtoient-là les ſujets, qui faiſoient trembler l'Apoſtre, en conſiderant les ſecrets de la differente conduite de Dieu ſur les hommes.

Voilà les obſtacles les plus ordinaires au Salut, dont les hommes imputent quelquefois la cauſe à Dieu, pour excuſer leur lâcheté : ſans conſiderer que le deſordre vient de nous-meſmes. Car *la main du Seigneur n'eſt point racourcie, pour n'eſtre pas toûjours preſte à nous ſauver*, dit le Prophete Iſaie : *ſon oreille ne s'eſt point fermée, pour ne nous écouter plus : ce ſont nos iniquitez, qui ont fait une ſéparation entre Dieu & nous : & ce ſont nos pechez, qui luy ont fait détourner les yeux de*

Non eſt abbreviata manus Domini, ut ſalvare nequeat, neque aggravata auris ejus, ut non exaudiat : ſed iniquitates veſtræ diviſerunt inter vos & Deum ve-

de dessus nous, pour ne nous regarder plus: car vos mains sont souillées de sang, vostre bouche a prononcé le mensonge. Le reste du Chapitre de ce Prophete est un abregé des obstacles du Salut: cherchons-en les moyens.

strum: & peccata vestra absconderunt faciem ejus à vobis, ne exaudiret: manus vestræ pollutæ sunt sanguine, labia vestra locuta sunt mendacium. *Isaiæ c. 59.*

CHAPITRE V.

Les moyens du Salut, & l'usage qu'il en faut faire.

L'Esprit de l'homme est trop borné, pour apprendre de luy-mesme le chemin du Salut: il n'y a que Dieu qui puisse le luy enseigner: & c'est luy seul qu'il doit consulter dans ce voyage, pour marcher dans sa voye. Ne cherchons donc sa lumiére que dans sa Loy, selon le conseil du Prophéte: n'écoutons que luy, & ceux qui nous parlent de sa part: sans nous amuser aux vains raisonnemens de la chair: qui ne s'attache

Non est hominis via ejus. *Ier. c* 10. Lex tua veritas. *Ps.* 118. Quærite, non à divinis, ad legem magis, & ad testimonium, &c. *Isa. c.* 8.

qu'au preſent : & puis qu'il s'agit de l'Eternité, n'allons, pour en apprendre le chemin, qu'à celuy qui eſt *le Pere du ſiécle à venir*, *& dont le Royaume durera éternellement.* Car il eſt luy ſeul la lumiére de la vie : toute autre lumiére conduit à la mort. Sans luy tous les moyens ſont des obſtacles : & toute autre conduite n'eſt qu'un veritable égarement. Sa vie, ſa mort, ſes paroles, ſes exemples, ſont les inſtructions ſaintes, qu'il nous a données, *pour nous apprendre la ſcience du Salut.* Enfin, que n'a-t-il point fait pour nous ſauver ? Nous eſtions dans les tenébres, & il nous a appellez à la participation de ſon admirable lumiére : & il nous a créez, par le Bapteſme, dans l'innocence, & dans les bonnes œuvres, qu'il a préparées avant tous les ſiécles, afin que nous y marchions. *Il nous a rapprochez de luy, par le Sang de ſon Fils, nous qui nous en eſtions éloignez* par nos égaremens. Et tous les

Pater futuri ſæculi. *Iſa. c. 9.*
Magnus es Domine in æternum, & in omnia ſæcula regnum tuum. *Tob. c. 3.*

Ad dandam ſcientiam ſalutis in remiſſionem peccatorum eorum. *Luc. c. 1.*
Qui de tenebris vos vocavit in admirabile lumen ſuum. *1. Pet. c. 2.*
Creati in Chriſto Jeſu, in operibus bonis, quæ præparavit Deus, ut in illis ambulemus. *Eph. c. 2.*
Qui aliquando eratis lon-

ouvrages qu'il a faitsne sont sortis de ses mains, que pour estre des instrumens de nostre Salut. Les créatures les plus muétes nous parlent de luy : les Cieux, en nous racontant sa gloire, nous inspirent un desir de la meriter : & il n'y a rien de si profane sur la terre, qui ne soit un moyen de gagner le Ciel.

gè, facti estis propè in sanguine Christi. *Paul. ibid.*

Cæli enarrant gloriam Dei. *Ps.* 18.

Le silence le plus profond de la nature est une voix éclatante, qui apprend à l'homme quelle est sa fin : & les morts luy preschent encore mieux que les vivans qu'il doit mourir. Le Ciel & la Terre, la maladie & la santé, la nature & la morale, la bonne & la mauvaise réputation, les richesses & la pauvreté, les souffrances & les consolations, la vie & la mort, sont dans l'ordre de la Providence de Dieu, des moyens destinez à nous sauver. Et de tout ce qui arrive aux hommes, de toutes les aventures où est exposée leur condition, de leurs bons & de leurs mauvais ſuccés, de tous les accidens de leur vie, de leurs amitiez, de leurs inclinations, de leurs ſympathies, de leurs emplois, de leurs affaires, il n'y en a aucune qui ne reçoive de la main de Dieu une vertu ſecrette, & une liaiſon cachée, qui a du rapport à leur prédeſtination. De-ſorte que ſi l'on ſçait apprivoiſer les beſtes les plus farouches pour en tirer du ſervice: le Chrétien peut rectifier le naturel le plus rude, & le temperament le plus bizarre, pour pratiquer la vertu. Le Sage ſe ſert de la douleur, de la pauvreté, de l'infamie, & des autres difficultez de la vie, par le bon uſage que la Philoſophie luy en fait faire, pour eſtre heureux ſur la terre: & le Chrétien, avec le ſecours de la grace, ne ſçaura pas ſe ſervir des adverſitez & des ſouffrances, pour devenir heureux dans le Ciel? C'eſt l'intention du Créateur, que nous allions à luy, par les créatures. Mais le peché a

Sapienti non nocetur à paupertate, non à dolore, non ab aliis vitæ tempeſtatibus, bonorũ rector, victor malorum: tu illum premi putas: malis ſuis utitur. *Senec. ad Lucil.*

tellement dereglé le jugement de l'homme : nostre ennemy a mêlé tant de zizanie avec le bon grain : l'homme mesme se laisse tellement aller à l'inconstance de ses desirs, & à sa propre corruption, que le discernement juste qu'il faut faire dans l'usage de ces moyens, a des difficultez presque invincibles. Car, comme dans les choses naturelles, ce qui est bon à l'un n'est pas bon à l'autre : les viandes solides sont propres aux estomacs forts, & nuisibles aux foibles. Le vin fortifie celuy qui se porte bien, & affoiblit celuy qui se porte mal : ainsi dans la Morale, ce qui fait un homme de bien, gaste l'autre. La loüange, qui humilie le modeste, enfle le présomptueux : l'argent sanctifie l'homme charitable, & corromp celuy qui ne l'est pas. C'est ce qu'il faut bien connoistre : & c'est en quoy les enfans du siécle sont plus prudens, dit l'Evangile, que les enfans de la lumiere : parce qu'ils ne se ser-

Venit inimicus homo, & superseminavit zizania. *Mat. c.* 13.

Filii hujus sæculi prudentiores filiis lucis. *Luc. c.* 16.

vent, pour parvenir à leurs fins, que de moyens qui y ſoient propres. Voilà la premiére qualité du moyen.

La ſeconde qualité eſt, que le moyen n'eſt bon, & qu'il n'eſt eſtimable, que par la vertu qu'il a de contribuër à ſa fin. Une medecine n'eſt aimable au malade, que par ſon amertume: ſi elle ne luy donne la ſanté, que par ce qu'elle a d'amer. Le vent du Nort n'eſt ſouhaitable au Pilote qui va du Septentrion au Midy, que par un froid, qui le trancit : s'il n'eſt favorable à ſon voyage, que par ſa violence. La pluye n'eſt utile à un champ ſterile & deſſeché, que par ſon humidité; parce qu'elle ne le rend fecond qu'en l'arroſant. C'eſt ce principe bien compris, & cette verité bien penétrée, qui dans la Morale fait changer de face à toute la nature: & qui donnant au Chrétien d'autres veûës, luy donne auſſi un autre eſprit. C'eſt par elle que les contradictions luy deviennent cheres, parce qu'elles sont propres à le rendre plus attentif à son salut, & qu'elles l'obligent à redoubler sa ferveur & sa vigilance. C'est elle qui luy rend les humiliations aimables : parce qu'elles le font marcher dans la voye étroite avec plus de seûreté. C'est par la persuasion de cette verité que Moïse renonce si courageusement au Sceptre de l'Egypte, & à la couronne de Pharaon: pour embrasser l'opprobre de JESUS-CHRIST, dit l'Apostre, & qu'il choisit plûtost de se voir affligé avec le Peuple de Dieu, que d'être en honneur dans le monde. C'est par elle que Saint Paul & Saint Barnabé parcourant la Lycaonie, aimerent mieux la persécution que leur fit le peuple de Lystris, que les honneurs & les sacrifices que le Prestre de Jupiter leur préparoit comme à deux nouvelles Divinitez. Ce fut elle qui fit passer Saint Alexis pour un inconnu & pour un étranger au mi-

Moyses grandis factus negavit se esse filium filiæ Pharaonis, magis eligens affligi cum populo Dei, quàm temporalis peccati habere jucunditatem, &c. *Hebr. c.* 11.

Sacerdos Jovis tauros & coronas afferens volebat sacrificare. *Act. c.* 14. Et vocabant Barnabam Jovem, Paulum verò Mercurium. *ibid.*

lieu de ſes proches, & qui luy rendit ſon obſcurité & ſon abjection plus cheres que toutes les grandeurs de ſa Maiſon. C'eſt elle qui fait préferer à une Carmélite ſa Cellule à tous les Palais, & ſa Pénitence à toutes les délices de la Cour. C'eſt elle enfin qui dépoüille depuis tant de ſiécles, tant de perſonnes de qualité, & tant de Vierges foibles & délicates de tout ce qu'elles poſſedent, pour leur faire embraſſer la pauvreté de l'Evangile, & l'ignominie de la Croix dans la vie Religieuſe : parce que ce ſont les moyens les plus ſeûrs pour ſe ſauver.

La troiſiéme qualité du moyen eſt, qu'il ne doit jamais ſortir de l'eſtat de moyen. Car ce ſeroit en pervertir l'uſage, que de s'y arreſter comme à ſa fin : & ce ſeroit tomber dans cét effroyable deſordre dont parle Saint Auguſtin, & qu'il regarde comme la cauſe la plus univerſelle de tous les déreglemens qui arrivent dans le monde : *Quand on jouït*, dit-il, *des choses dont on doit user, & qu'on use des choses dont on doit jouïr.* Ce desordre vient de l'amour propre, qui fait que l'homme s'arreste à la créature : au-lieu de s'élever par elle au Créateur ; & qu'il fait un renversement monstrueux de l'ordre établi de Dieu : c'est par-là que l'ambitieux regarde l'honneur qu'il recherche avec tant d'ardeur comme sa fin, pour en jouïr ; que l'avare préfere ses interests à sa conscience, & que le sensuël pense plus à son plaisir, qu'à son salut. Le premier Ange devint par là un démon, parce qu'il chercha sa satisfaction dans sa vanité : ce fut par ce desordre que le premier homme de maistre des créatures, en est devenu l'esclave : que ce Roy de Babylone, qui voulut se faire adorer par ses Sujets comme un Dieu, pour s'élever au-dessus de l'homme, fut humilié au-dessous des bestes : & que ces Philosophes, dont parle Saint

Omnis humana perversio fruendis uti velle, & utendis frui. *Aug. l. octogint. quæst. quæst.* 30.

Servierunt creaturæ potiùs quàm creatori. *Rom. c.* 1.

Nabuchodonosor ex hominibus abjectus est, & fœnum ut bos comedit. *Dan. c.* 4.

Dicentes se esse sapientes, stulti facti sunt. *Rom.* c. 1.

Paul, devinrent des fous : par la haute idée qu'ils avoient conceûë de leur sagesse. C'est renverser l'ordre établi de Dieu, que de luy préferer son plaisir, ou son interest : c'est usurper ce qui n'est point à nous, & c'est se perdre enfin : Car, *Vous perdrez, mon Dieu, tous ceux qui sont assez injustes, pour aimer quelque autre chose que vous.*

Perdes omnes, qui fornicantur abs te. *Ps.* 72.

Mais le Chrétien éclairé des lumiéres de la Foy, en regardant Dieu comme sa fin derniére, ne regarde les autres créatures que comme des moyens, pour y arriver : & il n'en fait d'estat qu'autant qu'elles ont de rapport & de liaison à cette fin. Parce que la Foy qui le guide, luy fait voir qu'elles n'ont de prix, de merite, ny de bonté, qu'autant qu'elles sont capables de le conduire à Dieu. Dans cette veûë, il les regarde toutes également. Richesses, pauvreté, honneur, mépris, santé, maladie, plaisir, douleur, élevations, abbaissemens, amitié, delaissement, talens, incapacité, prosperitez, disgraces, vie, mort, tout luy paroist indifferent : il voit d'un mesme œil tous ces differens estats, sans pancher plûtost d'un costé que d'autre, jusques à ce que, dans la veüë de la gloire de Dieu, & de son salut, les uns luy deviennent préferables aux autres, en luy paroissant plus propres pour y contribuër : il les choisit, ou il les rebutte, selon qu'ils sont plus ou moins capables de le mener au Ciel. Car il est dans la disposition d'esprit d'un voyageur, qui se trouvant entre plusieurs chemins, les regarde tous également, jusques à ce qu'on luy montre le veritable : & quand il la trouvé, tous les autres ne le touchent plus, quelque agréables qu'ils luy paroissent. Tout ce qui est temporel ne fait plus d'impression sur l'esprit du Chrétien : il ne craint point les maux, dont le monde le menace : parce qu'il n'attend que les biens que Dieu luy promet. La gloire de l'autre vie luy fait prendre en patience les peines & les humiliations de celle-cy : & il regarde avec une Foy pure & vive, comme l'Apostre, ce Dieu, *qui estoit hier, qui est aujourd'huy, & qui sera le mesme dans tous les siécles:* parce qu'il sera sa récompense.

Jesus Christus heri & hodie, ipse & in sæcula. *Hebr. c. 13.*

Dans le discernement qu'il fait des moyens propres au Salut, il ne se laisse point aller à toutes les fausses idées de l'esprit humain: ce n'est point au poids arbitraire des conjectures de l'homme, mais au poids immuable de l'éternité, qu'il pese les choses. Quoy-qu'il soit également fidele dans le calme & dans l'agitation ; que ny l'adversité ne l'abbate, ny la prosperité ne l'éblouïsse ; & que la maladie, ny la santé ne luy fassent faire aucune fausse démarche dans sa voye: il aime toutefois mieux la peine que le plaisir: pour devenir par là plus semblable à ces prédestinez de l'Apocalypse, qui *suivent l'Agneau par tout où il va,* pour se rendre plus conformes à luy : parce qu'il regarde sa peine, comme la source la plus certaine de son salut. Il sçait ce que dit le Sage, que l'affliction sera legere, & que la récompense sera grande : & que Dieu, qui guerit en blessant, le trouvera digne de luy, quand il l'aura mis à l'épreuve par la tribulation. Quoy-que tout ce qui se passe dans la vie ne luy paroisse pas également important : il ne laisse pas que d'estre vigilant dans les petites choses comme dans les grandes : il marche de vertu en vertu, sans faire un faux pas : car il ne perd jamais la veûë de Dieu, dont il voit l'œil toûjours ouvert sur sa conduite. C'est ainsi qu'en méprisant tout ce qu'il y a dans le monde, il devient comme ces Fideles dont parle Saint Paul, plus grand que tout ce qu'il y a au monde : dont les grandeurs sont aujourd'huy sur le trône, & seront

Hi sequuntur agnum quocumque ierit. *c.* 4.

In paucis vexati, in multis benè disponentur : quoniam Deus tentavit eos, & invenit illos dignos se. *Sap. c.* 3.

Quibus dignus non erat mundus. *Hebr. c.* 11.

demain dans le tombeau : & c'est ainsi que le mépris des biens de la terre le rend digne des biens du Ciel.

Cette mesme prudence, qui apprend au Chrétien à éviter l'égarement & les tenébres de la prostituée de Babylone, pour suivre la voye étroite de l'Evangile, luy apprend aussi à faire le discernement des moyens pour le Salut, & d'en user en la maniére qu'ils sont des moyens. Car les uns ne sont utiles, que quand on en jouït, comme les dons de Dieu, ses graces, ses lumiéres, les Sacremens : les autres ne sont bons, que quand on s'en défait, comme l'honneur, l'argent, le plaisir ; les autres enfin ne servent que par l'instruction qu'on reçoit de leur connoissance, qui éleve l'homme à la connoissance de Dieu. Et dés que cét ordre est renversé, les meilleurs moyens deviennent des obstacles.

Mais, pour descendre dans quelque détail de ces moyens, les plus propres sont ceux que le Sauveur du monde a luy-mesme marquez dans l'Evangile, l'amour de la pauvreté, de l'humiliation, des souffrances, la simplicité, le silence, la docilité, la patience, la priére: & toutes ces voyes, pour aller au Ciel, sont d'autant plus asseûrées, qu'elles sont plus couvertes: car les chemins les plus seûrs pour aller à Dieu, sont les plus cachez. Mais le plus infaillible de tous les moyens, est de vivre dans la perfection de son estat & de sa vocation. Dieu a bien des voyes pour nous sauver: il ne faut que le suivre: c'est par le genre de vie où il nous appelle, qu'il a dessein de nous mener au Ciel. Ce n'est pas vouloir le suivre, que de changer d'estat, ou en s'élevant par ambition, ou en sortant de sa condition, par inconstance. Il faut que chacun combatte en son rang, pour remporter la victoire : c'eſt ſortir de la voye où Dieu vous a mis, & quitter le poſte où ſa Providence vous a placé, que de quitter voſtre eſtat. Ainſi, conſiderant tant de Chrétiens changer tous les jours de condition le plus indifferemment du monde, je tremble pour eux. Lors que je lis dans Saint Paul, que quand meſme on ſeroit eſclave, on ne doit pas ſouhaiter de devenir libre : puis que cette ſervitude, bien loin de nuire au Chrétien, pour ſon ſalut, eſt dans l'ordre de Dieu un moyen de ſe ſauver. Ce n'eſt point par les routes extraordinaires qu'on ſe ſauve : c'eſt par les voyes les plus communes, pourveû qu'elles ſoient ſelon les deſſeins de Dieu. Si vous eſtes du monde, c'eſt vivre Chrétiennement dans le monde, c'eſt y faire fructifier le talent que Dieu vous a donné, en pratiquant les bonnes œuvres ; pardonnant à voſtre ennemy ; partageant voſtre pain avec le pauvre ; protegeant l'op-

Unuſquiſque in qua vocatione vocatus eſt, in ea permaneat : ſervus vocatus es ? ſi potes fieri liber, magis utere : qui enim in Domino vocatus eſt ſervus, libertus eſt Domini. 1. *Cor. c.* 7.

primé ; frequentant les Sacremens ; & en honorant la Sainte Vierge, dont la dévotion est si salutaire aux gens du monde. Car nous apprenons dans l'Histoire Ecclesiastique, que le Pape Grégoire VII. ne conseilloit rien tant à une Dame de grande qualité pour se sauver, que de devenir servante de la Mere de Dieu.

Matilde Comtesse d'Italie. Baron. tom. 11. ad ann. Christ. 1075.

Mais aprés tout, rien n'est plus capable de nous rendre favorable nostre Juge au jour de sa colére, que de prendre la balance à la main, pour nous juger nous-mesmes. Car, ce jugement que nous exerçons sur nous, nous mettra à couvert des frayeurs de celuy, auquel Dieu exercera sa severité & sa justice. Enfin, les besoins ausquels nous engage nostre condition, les infirmitez qui nous environnent, les miseres dont nous sommes revestus, les imperfections ausquelles nous sommes sujets, & toutes les peines qui nous accablent, prises en patience, sont de grands moyens pour meriter le Ciel, lequel aprés tout ne se donne qu'à la perséverance : c'est elle qui remporte la couronne. Car, *celuy-là seul*, dit le Sauveur du monde, *qui perséverera jusques à là fin, sera sauvé.* Ce n'est que quand on cherche, & qu'on frappe à la porte avec empressement, qu'on emporte ce qu'on demande. Enfin, les divers accidens de la vie, les disgraces ou les succés, la santé ou la maladie, la bonne ou la mauvaise fortune, les joyes ou les afflictions, les engagemens differens de chaque condition peuvent servir au Chrétien à se sauver, s'il sçait en faire bon usage. Mais, il est dangereux de s'y méprendre : & c'est une chose terrible de faire un mauvais choix, ou mesme un mauvais usage des differens moyens que la Providence de Dieu nous fournit pour nostre salut.

Qui perseveraverit usque ad finem, salvus erit. *Matt. c.* 10.

Considerons ces importantes veritez avec un esprit de Foy, &

nous n'aurons pas de peine à nous en laisser persuader : commençons par vouloir sincérement nous sauver. Car tous les autres moyens sont inutiles sans celuy-là. C'est ce que Saint Tomas d'Aquin répondit à sa sœur, qui luy demandoit une conduite pour son salut: *C'est de le bien vouloir*, luy dit-il. Le secret consiste en cela: tout sera aisé à celuy qui aura une fois le cœur embrasé de ce desir. *Si vous le desirez ardamment*, dit Saint Paulin, *vous trouverez le chemin court: mais vous le trouverez long & difficile, si vous le desirez froidement.* Car, quand le desir de se sauver est sincére, on cherche les moyens pour y parvenir : c'est le vouloir, & ne le vouloir pas, que de n'en pas prendre les moyens.

Tom. 1. hist. Prædicat. l. 5.

Si desideras, via brevis est & suavis: si negligis, longa & laboriosa. *Paulin. ad Sever.*

De-sorte que dés qu'un moyen me paroistra en mon particulier propre pour gagner le Ciel, je ne demeureray plus dans l'indifference : je m'en serviray aux dépens de mon plaisir, de ma réputation, de ma paix, & de mes autres interests temporels. Dans le choix des moyens je préfereray toûjours ceux qui me paroistront les plus seûrs: car dans une affaire où il y va de l'Eternité, la prudence veut qu'on cherche sa seûreté. Ainsi, je marcheray dans cette voye étroite de l'Evangile, où l'on ne s'égare point : je renonceray à mes inclinations les plus innocentes: je rompray les liens qui m'attachent à moy-mesme : je retrancheray ce qu'il y a de dereglé dans mon cœur : & je m'arracheray les yeux, selon le conseil de l'Evangile, si mes yeux me scandalisent. Tous les pas que je feray dans la voye de Dieu, seront soûtenus des sentimens les plus purs de cette humilité Chrétienne, qui est elle seule le fondement de la plus solide pieté : parce qu'elle seule rend l'esprit de l'homme susceptible de cette lumiére toute sainte, qui dispose le cœur à la docilité que demande le Saint Esprit. Et je pren-

Si oculus tuus scandalizat te, erue eum, & projice abs te. *Marc. c. 9.*

dray en toutes choses le party de la soûmission, de la simplicité, & de la patience, pour *attendre mon salut dans le silence*, selon l'avis du Prophete. La souffrance qui purifie la vertu, & la mortification du corps qui donne la vie à l'esprit, seront mes compagnes fideles & inséparables. Et la priére, qui rend forts ceux qui sont foibles, en soûtenant l'esprit de l'homme de l'Esprit de Dieu, sera ma nourriture la plus ordinaire.

Oportet præstolari in silentio salutare Dei. *Ier. Tren. c.* 3.

Enfin, pour porter le fruit de cette vie éternelle, qui nous est promise, je m'attacheray à JESUS-CHRIST, comme une branche doit estre attachée à l'arbre pour fructifier. Car, le cœur du Chrétien est semblable à cette vigne du Seigneur, qui devient un bois sec & aride, si elle n'est attachée à son sep, & si elle n'est sans cesse arrosée de cette eau vive qui descend du Ciel : c'est à dire, des écoulemens continuels de la Grace. Mais, mon Dieu, faites-moy

Sicut palmes non potest ferre fructum à semetipso, nisi manserit in vite : sic nec vos, nisi in me manseritis. *Ioan. c.* 15.

comprendre sur toutes choses, que je ne puis vouloir me sauver, sans vouloir à mesme temps l'humiliation, la croix, & les souffrances, dont le salut est le prix. Car, *s'il a esté necessaire que vostre Fils souffrît luy-mesme, pour entrer en sa gloire*, luy qui en estoit essentiellement héritier : quel droit puis-je y prétendre, si je ne souffre avec luy? Remplissez mon cœur de ces grandes veritez. Donnez-moy la crainte salutaire de vostre Justice, & la sainte frayeur de vos Jugemens : afin que je marche dans vos voyes, avec cette vigilance & cette circonspection, qui seule est capable de rendre le Chrétien fidele. Gravez profondément dans mon ame, cét oracle de vôtre sagesse éternelle, & ces paroles sacrées de vostre Evangile, qui doit estre toute la science & toute la philosophie du Chrétien: *Que sert d'estre maistre de tout le monde, & de se damner?* de posseder les richesses perissables de la

Oportuit Christum pati, & ita intrare in regnum. *Luc.* 24.

Si commortui fuerimus, & convivemus : si sustinebimus, & conregnabimus. 2. *Tim.* 2.

Quid prodest homini, si totum mundum lucre-

terre, & de perdre les richesses du Ciel? d'estre heureux dans le temps, & miserable dans l'éternité? Y pensons-nous? Réglons-nous nostre estime & nostre mépris, nostre amour & nostre haine, tous les sentimens de nostre cœur, & la conduite universelle de nostre vie, sur ce grand principe du Christianisme? Choisissons-nous avec toute la prudence de la Foy, les moyens les plus propres & les plus seurs pour nous sauver? Marchons-nous dans la voye du Salut, avec cette vigilante attention, qui ne se laisse jamais surprendre aux divers accidens, où est sujette l'inconstance de nostre condition? Si nous le faisons, apprenons encore quels sont les détours & les égaremens, qui se rencontrent dans le chemin du Salut, pour nous sauver avec plus de seûreté.

tur, animæ verò suæ detriuentum patiatur? *Matt. c. 16.*

CHAPITRE VI.

Les égaremens dans la voye du Salut.

Scito, quoniam in medio laqueorum ingrederis. *Eccl. c. 9.*
Plena sunt omnia periculis, plena laqueis: invitant cupiditates, insidiantur illecebræ. *Leo serm. 5. in Quadr.*

LA voye du Salut est si difficile : les obstacles, dont elle est remplie, sont si grands : elle est environnée de tant de précipices : le chemin en est si rude, si étroit, si glissant : les combats qu'il y a à donner sont si frequens : l'ennemy y est si redoutable : l'esprit est si foible, la chair si fragile : qu'on ne peut prendre assez de précaution, pour marcher seûrement dans un chemin si perilleux. Et la premiére de toutes les précautions, est d'observer les égaremens qui se trouvent dans une route si dangereuse, & d'en connoistre tous les détours : pour ne pas faire un faux pas dans une course, où l'on ne peut s'égarer, sans se perdre tout-à-fait. Mais, défions-nous de nous-

nous-mesmes : puis que nostre cœur, nostre esprit, nostre raison, avec toutes leurs lumiéres sont de fort méchans guides. Soyons attentifs à toutes nos démarches, pour ne pas faire un faux pas, dans un chemin qui va à l'Eternité. Car nous sommes, dit le Prophete, comme des brebis errantes : chacun se détourne de la veritable voye, pour suivre la voye de son cœur, en suivant son humeur, ses desirs, ses passions, ses emportemens, & les autres égaremens de la vie, dont voicy les plus considérables.

Omnes nos quasi oves erravimus : unusquisque in viam suam declinavit. *Isa. c.* 53.

Le premier & le plus universel des égaremens dans la voye du Salut, est une volonté generale qu'on a de se sauver, sans descendre dans le détail des moyens qu'il faut prendre pour cela. On aspire au terme du voyage, sans penser au chemin qu'il faut tenir : on cherche le port, sans s'exposer à l'orage, & sans affronter la tempeste : on prétend arriver à la terre promiſe, ſans paſſer par le deſert : on veut la couronne, ſans vouloir le combat : on demande d'avoir part au Royaume de JESUS-CHRIST, comme les enfans de Zebedée, ſans boire le Calice. C'eſt la diſpoſition d'eſprit où ſont preſque tous les hommes, pour l'affaire de leur ſalut. Il n'y en a point qui ne deſire le Ciel : mais il y en a peu qui embraſſent la Croix, dont il eſt le prix. C'eſt ainſi qu'on ſe trompe ſoy-meſme, & qu'on croit fauſſement qu'on veut ſe ſauver : ce n'eſt pas le vouloir, que de ne pas prendre les moyens qu'il faut pour cela. Le deſir qu'on en a eſt un faux deſir, quand la vie qu'on mene n'y répond pas. C'eſt l'égarement ordinaire des perſonnes qui ſe piquent d'eſtre dévotes, ſans avoir aucun principe de dévotion : qui penſent eſtre réglées, ſans garder de régles : & qui ſe déguiſant à elles-meſmes, ſe repaiſſent de fauſſes idées de vertu, ſans devenir jamais vertueuſes : car comme elles comptent pour quelque choſe ce deſir tout imparfait qu'il eſt : elles vivent & elles meurent en cét eſtat, ſans avoir fait autre choſe pour leur ſalut, que d'avoir deſiré en général de ſe ſauver : & il leur arrive ce que dit Job, *Le deſir de mon ſalut s'eſt évanouï comme un nuage, parce qu'il a eſté leger comme le vent.*

Quaſi ventus deſiderium meum, & velut nubes pertranſiit ſalus mea. *Iob. c. 30.*

Le ſecond égarement eſt plus grand que le premier : car non-ſeulement on veut ſe ſauver, par ce deſir general qu'on a d'eſtre heureux : on fait encore des démarches pour en chercher les moyens. Mais ces démarches ſont fauſſes, & ces moyens ſont trompeurs : parce que le choix s'en fait par des veûës impures, & ſelon l'eſprit de la chair. Ainſi l'on s'égare d'autant plus, qu'on ſe méprend davantage dans la voye qu'on choiſit. En effet, le premier égarement n'eſt qu'un égarement d'eſprit ; mais le ſecond eſt un égarement de cœur. Car on ſe fait un plan & une idée du Salut à ſa mode : on s'en forme des principes à ſa façon : on met ſa vertu en ſon humeur : on veut une conduite commode : un Directeur qui ſe laiſſe diriger. Et parce qu'on ne cherche que des chemins agréables, on choiſit de ſon chef un eſtat de vie, ſans conſulter Dieu, ſans examiner ſes forces, ſans regarder la raiſon : ce n'eſt ſouvent que par des engagemens de naiſſance, de qualité, d'éducation, quelquefois par hazard, toûjours par des veûës d'intereſt, de fortune, d'établiſſement, qu'on prend parti. Vous vous engagez dans une charge, dans un Benéfice, dans un mariage, ſans attention aucune à ce que Dieu demande de vous : & ce n'eſt pas merveille aprés cela, ſi vous trouvez tant de veritables maux dans les fauſſes voyes que vous prenez, au lieu des biens que vous en eſperiez. Mais comme l'on fait entrer ſon humeur & ſon temperament dans toutes les affaires : on le fait encore davantage dans l'affaire du Salut. Un avare veut tout donner pour le Ciel, excepté son argent. Un petit esprit se veut sauver par l'épargne, un mélancholique par la sévérité. Ce n'est point par la soûmission que les Pharisiens pensent à faire leur salut, parce qu'ils sont superbes : ce n'est que par des jeusnes, & par des austeritez. Il y en a qui se mortifient en toutes choses, & qui font toûjours leur volonté ; qui se détachent de tout, & sont éternellement attachez à leur sens : qui renoncent à tout, & point à eux-mesmes, qui gardent les préceptes qui sont à leur gré & violent les autres : ils sont réglez en ce qui leur plaist. Vous faites scrupule de voler le bien de vostre prochain, & vous n'en faites pas de détruire sa réputation. Vous estes exact à jeusner le Caresme, & vous ne l'estes pas à payer vos dettes. Enfin, on ne suit que son

Ipsi errant corde, & non

humeur dans une affaire où l'on n'a rien tant à combattre que son humeur; & l'on ne choisit point d'autre voye pour le Ciel, que la voye de son cœur, sans penser à celle que la Foy enseigne, & que Dieu a marquée.

cognoverunt vias meas. *Hebr. c. 3.*

Graditur in via non bona post cogitationes suas. *Isa. c. 62.*

Le troisiéme égarement est encore plus terrible que les deux premiers, par le peu d'idée qu'on a du Salut, & par l'ignorance où l'on vit de la consequence d'une si importante affaire. Car on compte le Ciel pour si peu de chose, qu'on croit qu'il n'importe de quelle façon on vive, pourveû qu'on finisse bien. Une femme Chrétienne, aprés avoir profané toute sa vie la sainteté du Mariage, s'imaginera qu'il suffit d'estre chaste en mourant. Un homme riche, aprés avoir gardé ses tresors dans ses coffres sans en faire part aux pauvres, se contentera de faire un Testament, pour leur donner ce que la mort va luy arracher. Un ambitieux croira que c'eſt aſſez de quitter ſes intrigues, & de renoncer à ſon ambition, en recevant le Viatique. Et un pecheur endurcy, aprés avoir vieilli dans le deſordre, ſe perſuadera que c'eſt prendre ſes ſeûretez pour l'autre vie, que de recevoir ſes Sacremens : & qu'un bon *Peccavi* racommode tout. Quelle conduite, de penſer à la grande affaire de l'éternité, lors qu'on n'eſt plus en eſtat de penſer aux affaires temporelles ? On n'a pas aſſez de raiſon pour faire un Teſtament, & l'on en aura aſſez pour faire ſon Salut. On n'eſt plus capable des choſes de la terre, & l'on veut l'eſtre des choſes du Ciel. Quoy ! pretendez-vous recueïllir d'une vie mondaine, & d'une mort de peché, les fruits d'une vie immortelle ? Comment peut-on vivre avec tant d'aſſeûrance dans un ſi grand peril de ſe perdre ? Ce n'eſt pas-là l'eſprit de l'Evangile, qui ne recommande rien tant au Chrétien, que la vigilance, parce que la mort

Numquid colligunt de ſpinis uvas, & de tribulis ficus? *Matt.* c. 7.

ſurprend toûjours, que noſtre Religion fait profeſſion d'une milice toute ſpirituelle, & que noſtre vie eſt un combat perpetuel : ce n'eſt qu'en ſe faiſant violence, qu'on gagne le Ciel. Car eſt-il juſte que voſtre ſalut, qui a tant coûté au Fils de Dieu, ne vous coûte rien ?

Regnum cælorum vim patitur. *Matt. c.* 11.

Le quatriéme égarement eſt cét eſprit de préſomption, dont parle S. Auguſtin, *qui le ſéparoit de Dieu, & qui luy fermoit les yeux*, dit-il, de telle ſorte, qu'il l'empeſchoit de voir la verité. C'eſt par cét eſprit qu'on examine tout ce qui regarde le Salut, ſelon ſes foibles idées : on aime mieux ſe conduire par ſes propres lumiéres, que par celles des autres, & ſe fier à ſon jugement, qu'au jugement de ceux à qui la Providence nous ſoûmet : on compte ſur ſes merites, plus que ſur les miſericordes de Dieu. On ſe fonde ſur la vie qu'on mene, ſur l'habit qu'on porte, ſur la ſainteté du lieu où l'on vit, ſur la vertu des perſonnes avec qui l'on

Tumore meo ſeparabar à te, &c. *Conf. l.* 7. *c.* 8.

Non eſt volentis, neque currentis, ſed miſerentis Dei. *Rom. c.* 9.

sert Dieu. Je suis Religieux, je suis Hermite retiré au desert; je vis dans une compagnie fort sainte; j'ay de l'attrait pour l'oraison; je suis tendre à la dévotion ; mes intentions sont pures; j'ay du zele pour la gloire de Dieu. Tout cela est le plus beau du monde: mais si l'on s'en rapporte à Saint Augustin, ce ne sont que des illusions, que ces belles raisons-là. *Ce n'est*, dit ce grand Saint, *ny l'habit qu'on porte, ny le lieu où l'on vit, ny la compagnie, qui donne le mérite pour se sauver : ce sont les bonnes œuvres. L'Ange a peché dans le Ciel, & Adam dans le Paradis Terrestre, qu'y a-t-il de plus saint?* Quelle folie, de se fier au mérite de ceux avec qui l'on vit, aprés que Judas s'est perdu dans la compagnie du Sauveur du monde? Que sert d'estre dans un lieu saint, & de porter un saint habit, si l'on ne vit saintement? Ne disons donc pas comme cét Evesque de l'Apocalypse : *Je suis dans l'abondance*,

Locus non facit sanctos, sed operatio bona: peccavit Angelus in cælo, peccavit Adam in paradiso: quis locus sanctior? *Aug. ser. 27. ad frat. Erem.*

Dicis quod dives sum

rien ne me manque. Car dans le fonds, nous ne sommes que de miserables aveugles, sans merite, toûjours prests à tomber dans l'égarement dés que nous sommes abandonnez à nous-mesmes. Et ne mettons point nostre confiance sur les tendresses de dévotion, que nous ressentons, qui ne sont le plus souvent que les effets d'un temperament affectueux. Non, dit le Sauveur du Monde, tous ceux qui disent si tendrement *Seigneur, ah! Seigneur! ne seront pas sauvez.* Car le Royaume du Ciel n'est point dans les paroles, mais dans les œuvres. Ne regardons donc point tant ce que nous avons fait, que ce qui nous reste à faire. Un Voyageur qui s'arresteroit à ce qu'il a fait de chemin, sans penser à ce qui luy en reste, n'avanceroit gueres. Il ne sert de rien à celuy qui marche d'avoir bien marché, s'il n'arrive où il va. C'est ce que faisoit Saint Paul, en regardant sa vie comme une course sans relâ-

locupletatus, & nullius egeo: & nescis quia miser es, & pauper, & cæcus. *Apoc. c. 3.*

Non omnis qui dicit mihi, Domine, Domine, intrabit in regnum cælorum. *Matt. c. 7.*

che, & comme un combat perpetuel. Tout chargé de chaisnes, tout couvert de playes, & tout accablé de persécutions qu'il est, il ne considere que ce qu'il a encore à souffrir : ce qu'il a d'avance dans le chemin de la perfection l'anime à courir avec plus d'ardeur : *Je poursuis ma course*, dit-il, *pour tâcher d'arriver au terme.* C'est ce qu'il conseilloit aux Chrétiens de la Ville de Corinthe: *Courez de telle sorte, que vous arriviez.* Car le veritable Chrétien, dit Saint Bernard, ne met point de bornes à sa vertu ; il ne s'arreste jamais : il voit devant luy plus de chemin à faire qu'il n'en a fait : il est toûjours alteré de la soif qu'il a de la perfection : & le présomptueux est toûjours content de luy-mesme : c'est en quoy est son égarement.

Sequor, si quo modo comprehendam. *Phil. c. 3.*

Sic currite, ut comprehendatis. *1. Cor. c. 1.*

Numquam justus arbitratur se comprehendisse: numquam dicit satis est: semper esurit sititque justitiam. *Bern. Ep. 252. ad Abbat. Garr.*

Le cinquiéme est le mépris de ceux avec qui l'on vit. Ce mépris vient de la présomption qu'on a de soy : ainsi cét égarement n'est

Qui in se confidebant tamquam justi, & aspernabantur cæteros. *Luc. c. 18.*

qu'une ſuite du précedent. Car dés qu'on préſume de ſoy, on ſe compare aux autres : & dans la comparaiſon, on ſe donne la préference. C'eſt l'égarement du Phariſien, qui remercie Dieu de ce qu'il n'eſt pas comme le reſte des hommes : & de ce qu'il a plus de probité que tous ceux de ſa connoiſſance, parce qu'il ne voit aucun de ſes défauts, & qu'il voit les défauts de ſon prochain. C'eſt par cette erreur qu'on ſe partage toûjours avantageuſement, qu'on s'eſtime, & qu'on s'aime préferablement à tous : car on ne ſe regarde que par l'endroit favorable, & l'on ne regarde les autres que par leur deſavantage : on voit les imperfections du prochain, ſans en voir les vertus, & l'on ne voit que ſes propres vertus, ſans voir ſes imperfections : on groſſit meſme les vices des autres, & l'on diminuë les ſiens. Par là il n'y a perſonne ſi dereglé, qui n'eſtime ſa conduite plus reglée que celle

Non ſum ſicut cæteri hominum. *Luc. c. 18.*

de son voisin : & quelque égaré qu'on soit, on pense marcher plus droit que les autres, parce qu'on se méconnoist toûjours, & qu'on ne se fait point justice.

Le sixiéme égarement va encore plus loin. Car par cette préference injuste qu'on fait de soy aux autres, on s'écarte du chemin comme ces deux Disciples qui quittent la compagnie des Apôtres, pour aller en Emaüs : on se sépare des sentimens du commun, pour s'attacher à son sentiment particulier : on quitte les voyes ordinaires, pour chercher des voyes écartées. On ne consulte que ses propres lumiéres, sans consulter ceux qui parlent de la part de Dieu, & l'on devient par là singulier en toutes choses. On commence alors à n'aimer que son opinion, & à n'estimer que son sentiment, à n'écouter que sa propre raison. On s'érige un tribunal, pour juger de tout, sans consulter que soy-mesme : & l'on dé-

Hi sunt qui se segregant. *Iud. Epist.*

Singulariter sum ego donec transeam. *Ps.* 140.

cide de son autorité privée des choses, sur lesquelles on n'a nulle jurisdiction. Ce n'est pas de la sorte qu'en use le Fidele : il consulte Dieu à chaque pas qu'il fait : la Foy est sa regle : c'est elle seule qu'il regarde dans toutes les démarches qu'il fait, pour ne pas se tromper. Ce fut ainsi que Saint Paul, tout éclairé qu'il estoit, alla trouver Saint Pierre en Jerusalem, pour luy demander conseil, de crainte, comme il dit, de s'égarer, en se suivant luy-mesme. Rien n'est plus important au Chrétien ; toutes les Héresies se sont formées de cét égarement. Car dés qu'on s'écarte des sentimens ordinaires pour suivre les siens, on perd cette soûmission, dont le joug est si dur à l'orgueïl de l'homme. Ce n'est point aux particuliers à qui Dieu a promis une conduite infaillible, c'est à son Eglise : & quelque desordre qui puisse arriver, il ne faut jamais troubler son unité par des schismes : car le

Ne fortè in vacuum currerem, aut oucurrissem. *Gal. c. 2.*

Fidelis factus sum, credo quod nescio. *Aug. Serm. 1. de Trinit.* Fidelis es, non rationalis. *ibid.*

mal qu'on fait en se divisant, est plus à craindre, que celuy pour lequel on se divise.

Le septiéme, qui surpasse le précedent, est un esprit de curiosité, dont toutes les veûës sont fausses, parce qu'elles sont toutes terrestres. On raisonne sans cesse sur l'autre vie. On examine d'un air critique la Religion : on veut découvrir ce qui doit estre caché, & l'on prétend sçavoir ce qui doit estre ignoré. On écoute trop ses refléxions, & dans l'éclaircissement qu'on cherche, on ne soûmet pas avec assez d'humilité ses petites veûës, aux veûës de Dieu. On tombe mesme souvent dans la faute de cét Apostre, qui par un esprit de contradiction & d'incredulité, impose des conditions à celuy, sous l'autorité duquel il doit se soûmettre. *Je ne croiray point*, dit-il, *si je ne voy dans ses mains la marque des clous, & si je ne mets le doigt dans la playe de son costé*. C'est par une audace si

Qui terrena sapiunt. *Phil.* c. 3.

Altiora te ne quæsieris, & fortiora te ne scrutatus fueris, sed quæ præcepit tibi Deus. *Eccl.* c. 3.

Nisi videro in manibus ejus fixuram clavorum, & mittam manum meam in latus ejus, non credam. *Ioan.* c. 20.

In operibus Dei ne fueris curiosus. *Eccl. c. 3.*

présomptueuse qu'on s'expose à éteindre les plus pures lumiéres de la Foy : car dés qu'on s'écoute trop, on ne se contente plus de rien. On prend mesme des sentimens nouveaux dans les questions curieuses qu'on se fait. Ce ne sont plus que nouvelles routes, nouvelles methodes, nouveaux Directeurs, nouveaux entretiens, & par tout des voyes extraordinaires, parce que les communes deviennent méprisables. On est avide d'amasser des connoissances, qui servent bien plus à troubler le cœur, qu'à guerir l'esprit : on veut des lumiéres qui plaisent, & non pas celles qui instruisent : on préfere les opinions nouvelles aux veritez anciennes. On cherche d'autres routes, dit Saint Jerôme, dans le chemin marqué par nos Peres, & l'on ne court qu'aprés des nouveautez. *Instruisez-vous des anciennes voyes*, dit le Prophéte, *pour sçavoir quelle est la bonne*. C'est le caractere du siécle d'aimer ce qui est nou-

Si ad veritatem redire cupis, non est necesse viam quærere novam. *Bernard. de Grad. Humil.*

In vetere via novam semitam quærimus. *Ep. 11. ad Agel. vid.*

Interrogate de semitis antiquis, quæ sit via bona. *Jerem. c. 6.*

veau, & de raiſonner ſans ceſſe dans une affaire qui eſt au-deſſus de la raiſon. Nous ſommes trop Philoſophes, & nous ne ſommes pas aſſez Chrétiens.

Le huitiéme eſt un dégouſt de la verité, qui eſt l'effet ordinaire de cette curioſité vaine dont je viens de parler. On ne laiſſe pas que de connoiſtre encore ſon devoir : mais on ne l'aime plus. Ce reſte de Foy qui éclaire l'eſprit, n'eſt pas aſſez fort pour échauffer le cœur. On parle admirablement de Dieu, & des choſes de dévotion, ſans en eſtre touché. On n'eſtime plus la piété que par le bruit qu'elle fait, & par le credit qu'elle donne, & non pas par cette onction qui édifie. La ſource de ce deſordre eſt qu'on s'aime encore plus que la verité. C'eſt par cét épouvantable égarement de cœur qu'on croit la doctrine de JESUS-CHRIST, ſans croire ſa Morale : qu'on ſe laiſſe perſuader des Myſtéres, & qu'on ne peut se laisser convaincre des maximes. On ne doute pas de l'Incarnation du Fils de Dieu, mais on se révolte contre l'obligation qu'on a d'en imiter l'abbaissement. On soûmet son esprit à tout ce qu'il y a de plus incomprehensible dans la Trinité, mais on ne veut point comprendre que les grandeurs & les richesses soient des obstacles au Salut. Quel égarement, de prétendre qu'il suffise de croire tranquillement les Mystéres de nostre Religion, sans donner des marques de nostre Foy, & de mener une vie libertine, dans une créance aussi pure & aussi sainte qu'est la nostre ? Car enfin il faut tellement croire l'Evangile, qu'on ne se dispense pas de le pratiquer. Mais on ne s'égare de la sorte, que parce que le cœur résiste à la persuasion de l'esprit ; & que ce qui est évident à l'un, n'est pas sensible à l'autre : & cét égarement est un degré au suivant.

Et sicut tuam cognoscimus veritatem, sic eam dignis moribus assequamur. *Orat. secret. Domin. 18. post Pentec.*

Le neuviéme est un dégoust uni-

ersel de la piété, & de toutes les
choses spirituelles. On trouve des
personnes qui menent une vie où
il n'y a rien de criminel, & qui
ne laissent pas que de se perdre:
elles ont encore un desir de se
sauver: mais par un esprit natu-
rellement frivole, elles ne s'occupent de rien de solide: elles sont
trop distraites, pour penser sérieusement à ce qu'il faut faire pour
le Salut: elles font les choses es-
sentielles, mais elles les font sans
réfléxion. Elles entendent la Messe
réguliérement tous les jours, elles
communient mesme tous les mois,
elles assistent au Sermon, quand
il y en a. Mais parce qu'elles portent au pied des Autels des cœurs
pleins du monde, elles s'aquitent
de ces devoirs sans aucun sentiment. Et quoy-que leur conduite
n'ait rien de fort déréglé, elles ne
font pas toutefois leur Salut: parce qu'elles n'y pensent pas. Le jeu,
le plaisir, la promenade, les com-
pagnies agréables, les livres di-

vertissans, font leurs occupations ordinaires. Ainsi, toute leur vie se passe dans une inutilité, & mesme dans une négligence, qui toute innocente qu'elle puisse estre, ne peut qu'elle ne soit criminelle devant Dieu. Parce qu'enfin elles se font une occupation d'oisiveté & de plaisir d'une vie, qui ne devroit estre qu'une épreuve continuelle à leur vertu, & qu'un combat sans relâche, pour meriter cette couronne, qui ne se donne qu'au victorieux. Ce peu d'attention qu'elles ont à leur Salut, fait glisser dans l'usage des choses les plus saintes un esprit de tiédeur, qui rend leurs œuvres tout-à-fait steriles pour le Ciel : & elles ne se perdent que par l'indifference quelles ont de se sauver. C'est l'estat où vivent la plufpart des personnes de qualité, mesme les plus réguliéres : mais qui se damnent, pour vouloir trop accommoder leur dévotion à leur vanité, & accorder les maximes tous saintes de l'Evangile avec les maximes corrompuës du siécle. Que peut-on esperer d'une condui- si pleine de contradiction autre chose, que de tomber dans le desordre, dont le Prophete menace ceux qui regardent tantost le Ciel, tantost la terre; qui mêlent Dieu : le monde : leur partage sera abbatement de cœur, & l'inquiétude d'esprit : ils seront persécutez d'affreuses tenébres, propres à égarer encore davantage ceux qui sont déja égarez.

Le dixiéme égarement, qui succede aux autres, est un commencement de doute dans les choses qu'on a crûës, & une maniére de foy chancelante, qui hésite sur ce qu'il y a de plus établi dans la Religion. Le cœur s'appesantit, devient charnel; il ne se presente à l'esprit que des obscuritez & des tenébres. On ne regarde presque plus Dieu dans les divers évenemens de la vie : on se regarde soy-mesme; on jouït de la

Suspiciet sursum, & ad terram intuebitur : & ecce tribulatio, & tenebræ, & angustia, & caligo persequens. *Isa. c. 8.*

prosperité, & l'on souffre l'adver-
té, sans considérer d'où elles vie-
nent. Ainsi, l'on ne remonte po-
à la source du bien & du mal q
arrive: ce qui est cause qu'on
peine à reconnoistre cette tout-
puissante main, qui se cache da
ce qu'elle fait de plus admirab
sur la terre, pour donner lieu
Chrétien d'exercer sa Foy. On
ferme mesme quelquefois les yeu
pour ne pas voir celuy qui est l'A
teur de ce qui se passe: car enf
c'est Dieu qui apprend à l'homme, par l'amertume de l'afflictio
ce que la douceur de la prosperi
luy fait oublier. De-sorte qu'il e
aussi adorable quand il blesse, qu
quand il guerit, puis que c'est lu
qui ordonne toutes choses pour
salut de ceux qui le craignent. D
doute de la Providence de Dieu
on tombe peu à peu dans celuy d
sa Justice: & comme l'on ne regle plus sa Foy sur les principe
ordinaires, on ne fonde plus so
esperance que sur des Miracles, &

on imite le zele extravagant du mauvais Riche, qui demandoit des révelations pour ſauver ſes Freres. On veut que Dieu s'explique luy-meſme, qu'il montre le chemin qu'il faut tenir pour aller au Ciel. Je ne ſçay ce qu'il faut faire: Dieu ne me dit rien : luy qui vous inſtruit par la voix de toutes les Créatures : car tout parle à celuy qui veut entendre. Vous ne l'écouteriez pas luy-meſme, ſi vous n'écoutez pas ſon Ecriture & ſes Prophetes: & ſi vous ne mettez pas en uſage les lumiéres de la Foy & de la Raiſon qu'il vous a données, vous n'aurez nulle attention à tout le reſte.

Si quis ex mortuis ierit ad eos, pœnitentiam agent. *Luc. c. 16.*

L'onziéme eſt la défiance & le découragement, qui eſt une ſuite ordinaire du doute; comme il arriva à ces Diſciples, qui ceſſérent d'eſperer la Rédemption d'Iſraël dés que leur Foy fut ébranlée. La Foy eſt-elle ſeule la force du Chrétien: dés qu'elle s'affoiblit, l'Eſperance s'éteint, & tout luy devient

Nos autem ſperabamus, quia ipſe redemptutus eſſet Iſraël. *Luc. c. 24.*

difficile : car l'esprit n'estant plus soûtenu de la veûë du bien qu'il espere, tombe dans l'abbatement : le chemin de la Vertu luy paroist affreux ; les moindres difficultez le rebutent : ce qui l'excitoit, le décourage, & son salut luy paroist impossible, parce qu'il ne regarde plus la Vertu que du costé qu'elle est pénible, & il tombe dans un effroyable dégoust des choses spirituelles. C'est un égarement des plus ordinaires aux personnes engagées dans le monde, qui se font des phantômes de difficultez dans la voye du Salut, par la fausse idée qu'ils ont de la perfection Chrétienne. Elle n'est difficile qu'à ceux qui n'ont pas assez de Foy, pour avoir toute la perséverance qu'il faut : parce que l'Esperance qui doit animer le Chrétien, devient foible à mesure que la Foy s'affoiblit. Et comme par cette défiance on ne regarde plus les biens de cette vie, que comme des biens réels ; & les biens de l'autre, comme me des esperances en idée : on ne peut se résoudre à donner les richesses perissables de la terre, pour les richesses incorruptibles du Ciel. Et c'est par cette fausse sagesse qu'on ne se dessaisit de rien, parce qu'on se regarde toûjours comme citoyen de ce monde, & jamais comme étranger. Ce dégoust des choses de l'autre vie produit l'amour de celle-cy.

C'est le douziéme égarement, dont parle Saint Grégoire, qui consiste dans un amour déréglé de soy-mesme, & dans un attachement excessif à sa personne : on ne pense plus qu'à la vie : toute l'attention dont on est capable, se tourne de ce costé-là : ce sont des réfléxions perpetuelles à tout ce qui peut contribuër à sa santé : l'esprit n'est occupé que de ce soin-là, par des observations sur soy-mesme, qui ne finissent point. C'est par le mesme esprit qu'on se dispense des Pénitences ordonnées par l'Eglise, & qu'il n'y a

Reproborum mens erga die vitæ præsentis tanto amore constringitur, ut sic semper appetant vivere, quatenus si valeant, vivendi cursum numquam desiderent finire. *l.* 18. *Mor. c.* 7.

plus de Jeusne, ny de Caresme pour les gens de qualité : ce sont des délicatesses pour le corps, & des duretez pour l'ame, qui sont inconcevables. On prend des précautions pour une mauvaise santé, & pour un mauvais tempérament, qu'on ne prend point pour une mauvaise conscience. Et parce qu'on s'aime éperduëment, on ne considére les choses que par le rapport qu'elles ont à soy-mesme, à son embompoint, à sa conservation. Ainsi, l'on s'imagine qu'on ne mourra point, en ne voulant point penser à la mort : & l'on s'accoûtume à se croire immortel, par l'envie qu'on a de ne point mourir. Les gens de ce caractére regardent le temps qui passe comme s'il devoit toûjours durer, & considérent l'établissement où ils se trouvent dans le monde, comme s'il ne devoit jamais finir. Ils croient qu'ils sont destinez à fournir une plus longue carriére que les autres, en jugeant d'eux-mes-

Nos potiùs amemus quā nostra. *Ench. ad Val.*

Vitam carnis quasi permanentem diligunt, qui quāta sit vitæ sequentis æmes par le desir qu'ils ont de la remplir : ils regardent cette longueur immense de vie, qu'ils se figurent comme une espece d'immortalité ; & s'endormant sur cette chimére, ils vivent comme s'ils ne devoient point mourir : car ils éloignent toutes les pensées de la mort, comme des idées fâcheûses, sans songer mesme à prendre des mesures pour se disposer à ce passage terrible, qui doit décider de l'éternite. Enfin toute l'application de ces prétendus immortels ne tend qu'à s'établir sur la terre. On voit mesme de ces gens-la vieillir dans les affaires, qui ne craignent rien tant que le loisir de penser à la mort : ils oublient leur veritable patrie, pour faire durer leur exil ; & par trop de seûretez qu'ils prennent pour une vie temporelle, ils perdent le prix d'une vie éternelle. Malheur à un égarement si terrible ! car celuy qui *aime trop son ame, la perdra*, dit le Fils de Dieu dans l'Evangile. C'est par une si

ternitas non attendunt. *Greg. l. 8. Mor. c. 8.*

Qui amat animã suam, perdet eam. *Ioan. c. 12.*

malheureuse conduite qu'on est d'ordinaire surpris. Parce qu'on meurt toûjours plûtost qu'on ne pense: & qu'on ne prend jamais des mesures assez justes, pour se disposer à mourir, ou l'on n'y pense que quand on n'a plus la force d'y penser. C'est l'égarement de ceux qui ont vieilli dans le desordre: ils ont en mourant les sentimens d'une fausse pénitence, sans avoir les mouvemens sincéres d'un vray repentir. Ces marques exterieures de douleur qu'ils donnent ne sont d'ordinaire que les effets d'une crainte passagére, causée par les images affreuses de la mort. *La pénitence d'un mourant*, dit Saint Augustin, *n'est le plus souvent qu'une pénitence morte.*

Cùm occideret eos, quærebant eum. *Ps.* 77.

In infirmo infirma est pœnitentia: & in moribundo timeo ut ipsa moriatur. *Ser. de Temp.*

Le treiziéme succéde au précedent: c'est un amour d'interest, de fortune, de grandeur, qui suit de l'amour qu'on a de sa propre personne, & de l'attachement qu'on a la vie. Et c'est l'égarement de ceux qui veulent devenir dé-

vots, pour devenir considérables, comme les Enfans de Zebedée, qui prétendoient s'agrandir en se faisant Disciples de JESUS CHRIST Il ne passe par leur teste que des idées d'élevation, en se mettant a la suite du Sauveur du monde; & leur Mere, dit Saint Jerôme, *par une avidité de femme, demande pour eux quelque chose de present, ne se souciant point de l'avenir: Vous ne sçavez pas*, leur dit le Sauveur du Monde, *ce que vous demandez:* vous ne parlez que de Trônes & d'Empires, à moy qui ne propose à mes Disciples que des croix & des souffrances. Ce n'est pas le temps de devenir grand, quand je m'anéantis moy-mesme. L'air sévére dont les reprend le Fils de Dieu, marque assez l'excés de leur erreur: & quel est l'égarement de ceux qui leur ressemblent, par l'empressement qu'ils ont pour les affaires du monde, & pour les grandeurs de la terre, faisant profession d'une Religion, qui

Dic ut sedeant hi duo filii mei, unus ad dexteram tuam, & unus ad sinistram in regno tuo. *Matt. c. 20.*

Mulier aviditate fœminea presentia cupit, immemor futurorum. *L. 3. Comm. in Matt.*

Nescitis quid petatis, &c. *Matt. c. 20.*

n'aſpire qu'aux grandeurs du Ciel. Le Peuple Juif, que le Fils de Dieu appelle dans l'Evangile, *les Enfans du Royaume*, fut réprouvé ; parce qu'eſtant plein de l'eſprit du monde, dit Saint Chryſoſtome, il s'eſtoit figuré un Meſſie conforme à ſa vanité, & grand ſelon le ſiécle. Rien en effet n'eſt plus opposé à l'eſprit du Chrétien, que ces deſſeins de s'agrandir dans une Religion humble. On ſe pert d'ordinaire par ces pénſées de fortune & de grandeur : l'éclat qui environne les Grands, les éblouït, ou les corrompt. Mais s'ils ont encore un reſte de Foy, que leur élevation les faſſe trembler, par les obligations qu'elle leur impoſe: car il n'y a rien ſi aiſé, que d'abuſer de la grandeur, ny rien de ſi difficile, que de ſatisfaire à tous les devoirs qu'elle preſcrit.

Filii autem regni ejicientur foras. *Matt. c.* 8.

Homil. in Matth.

Enfin, le comble de l'égarement eſt de ceux dont parle Saint Auguſtin, *qui tirent des ſujets de vanité de leur erreur, & qui ſe glo-*

Tanta eſt cæcitas hominum, etiam

rifient de leur aveuglement. Leur égarement leur plaist : parce que leur cœur est déreglé, & qu'il ne reste plus dans leur esprit aucun rayon de discernement. C'est l'estat le plus ordinaire des enfans du siécle, qui se laissent éblouïr à l'éclat & à l'apparence des choses temporelles : ils courent, comme des amans ensorcelez aprés les vanitez de la terre ; & par des maximes corrompuës de la chair, ils honorent le vice du nom de vertu, & deshonorent la vertu par le nom du vice : ils appellent lâcheté le soin qu'on prend de se préparer à la mort : & le mépris qu'on a pour l'autre vie, ils l'appellent une force d'esprit. *Malheur à vous*, dit le Prophete, *qui prétendez faire passer le mal pour le bien, & le bien pour le mal ; la lumiére pour les ténebres, & les ténebres pour la lumiére !* Tel estoit l'égarement de ces Princes des Prestres, qui se vantoient de ce qu'il n'y avoit aucune personne de qualité qui eust

de cæcitate gloriantium. *Conf. l. 5. c. 3.*

Væ vobis, qui dicitis malum bonum, & bonum malum, ponentes tenebras lucem, & lucem tenebras! *Isa. c. 5.*

Numquid ex principibus aliquis credidit in eum ? *Ioan. c. 7.*

crû en JESUS-CHRIST. Tel est l'égarement des Chrétiens des derniers temps, dont parle Saint Pierre, qui, par leur conduite scandaleuse, *exposeront la voye de la verité aux blasphemes*, & aux médisances des Infideles: *parce que quittant le droit chemin, ils s'égareront dans la voye de Balaam. Leur condamnation, qui a esté ordonnée dés long temps, s'avance à grands pas; & la main qui doit les frapper, n'est pas endormie.* Cette patience mesme avec laquelle Dieu les souffre; ce silence à la vûë de leurs crimes; ces longueurs; cette clemence ne sert qu'à amasser un tresor de colére au jour de la Vengeance. Car Dieu exercera les jugemens de sa Justice avec d'autant plus de séverité, qu'il aura suspendu plus long-temps leur punition, par sa douceur. Leur perte est aussi sans ressource: car comme ils aiment leur erreur, ils haïssent ceux qui les détrompent, & les avis les plus salutaires qu'on leur don-

Per quos via veritatis blasphemabitur: derelinquentes viam rectam, erraverunt, secuti viam Balaam. Quibus judicium jam olim non cessat, & perditio eorum non dormitat. *Pet. Epist.* 2. c. 2.

Juxta est dies perditionis, & adesse festinant tempora. *Deut.* c. 32.

ne, leur ſemblent les plus inſupportables.

Ce ſont-là les égaremens ordinaires de ceux qui s'écartent du chemin du Salut. Quand on eſt une fois hors de cette route, on ne fait plus de pas qui ne ſoit un égarement nouveau : car une fauſſe démarche dans ce chemin, conduit à une infinité d'autres. C'eſt ainſi qu'on s'égare de la voye qu'on a quittée: voicy comme on peut s'égarer dans le retour : car ſouvent on ſe rengage de nouveau dans l'erreur, en la voulant quitter.

Chapitre VII.

Les égaremens du retour dans la voye du Salut.

Le pecheur ne ſent pas par luy-meſme qu'il s'égare: il ne s'apperçoit de ſon égarement, que par un rayon de grace, qui luy fait voir le chemin qu'il quitte, & qui luy fait prendre la resolution d'y rentrer : mais cette resolution devient un nouvel égarement : car on s'en contente, sans passer plus outre ; & ce n'est souvent que l'effet d'une volonté languissante, semblable à celle *du paresseux*, dont parle le Sage, *qui veut, & qui ne veut pas*, & qui se consume dans de vains souhaits, dont la multitude étouffe les desirs les plus sincéres du cœur. On differe toûjours sa conversion, comme Saint Augustin, qui remettoit tout au lendemain. On regarde l'affaire du Salut comme une de ces affaires desagréables, dont on éloigne la pensée. On pense à son Testament, avant que de penser à sa Conscience : on regle tous les autres interests, avant que de regler l'interest du Salut : on attend à se convertir, quand on sera vieux, & à donner à Dieu ce que le monde ne voudra plus. Et quand on a la force de former quelque résolution pour changer de vie, cette résolution devient

Vult & non vult piger. *Prov. c.* 13.

Venerunt filii usque ad partum, & non est virtus pariendi. *Isa. c.* 27.

Modo, ecce modo, sine paululum, sed modo, & modo non habebat modum. *Conf. l.* 8. *c.* 5.

Quamdiu? quamdiu? cras & cras? quare non modo? *Id. l.* 8. *c.* 12.

souvent dans la suite vaine, inconstante, trompeuse : car on s'accuse, & l'on se justifie ; on se condamne, & l'on s'excuse ; on veut quitter son peché, & l'on ne veut pas ; on se contredit, & l'on se dément soy-mesme. Ce sont des prétextes qu'on se forme, des empeschemens qu'on se figure : c'est une affaire qu'il faut regler ; c'est un procés qu'il faut finir ; c'est un dessein qu'il faut achever. On passe ainsi sa vie dans de vaines idées de conversion : & la mort survient, sans qu'on ait rien fait pour se convertir. Dans le fonds, on veut le bien, mais on fuit la peine ; on a de bons mouvemens combattus par des inclinations mauvaises. On se trompe mesme par les efforts d'une pénitence superficielle, qui est moins dans le cœur que dans l'esprit : on s'amuse à réformer le dehors, sans aller au-dedans. C'est un cercle de desirs perpetuels d'une conversion imaginaire, & de déréglemens réels. On commence

Sæpe sibi mens ipsa mentitur. *Gregor.*

Abrumpatur illa interminabilis sæcularium negotiorum catena, & ille de necessitatibus multis unus per totam vitam labor. *Euch. ad Val.*

quelquefois bien, mais on finit mal. Si l'on change de conduite, on ſuit plûtoſt l'inconſtance de ſon eſprit dans ſon changement, que l'Eſprit de Dieu : le cœur eſt toûjours le meſme : il ne change que de maladie, dans les changemens de ſon prétendu retour. C'eſt l'eſtat de la pluſpart des gens, dont le cœur eſt partagé entre Dieu & le monde, on veut l'un, ſans quitter l'autre.

Le ſecond égarement du retour, eſt la mauvaiſe honte, qui étouffe les deſirs les plus ſaints de l'ame, & toutes les penſées qu'elle a de retourner à Dieu, aprés s'eſtre ſi long-temps égarée. Cette fauſſe pudeur eſt comme le Dragon de l'Apocalypſe, toûjours preſt à devorer l'Enfant de la lumiére. On réſiſte à tous les mouvemens de vertu, & à tous les deſſeins de converſion, par une miſerable honte, qu'on ſe fait auprés de ſes prétendus amis, à qui l'on veut juſtifier ſa conduite, en ſoûtenant ſon cara-

Draco ſtetit ante mulierem, quæ erat paritura, ut filium ejus devoraret. *Apoc. c. 12.*

ctére: comme ce Victorin, dont parle Saint Augustin, qui craignoit de choquer ses amis, en se convertissant. Que de conversions ont avorté par les imaginations de cette fausse prudence? On aime mieux se laisser tyranniser à la chimere du *qu'en dira-t-on*, & estre toûjours l'esclave de l'opinion qu'aura le monde de nous, que de penser au plus essentiel de tous les devoirs. Rien ne pert tant les gens du monde, que cette ridicule circonspection. Ce fut l'obstacle de la conversion des Juifs, qui n'eurent aucune considération pour le Fils de Dieu, parce qu'ils avoient trop d'égard à ce qu'on en diroit. C'est l'obstacle le plus ordinaire de la conversion de ceux qui sont hors de l'Eglise Romaine. Et c'est l'égarement général de tous les Chrétiens, qui ont vieilli dans le desordre, où ils aiment mieux mourir, que de faire parler le public, par un changement de conduite: parce que l'opinion du

Amicos suos verebatur offendere, sed depuduit vanitati, & erubuit veritati. *Aug. l. 8. Conf. c. 2.*

monde eſt leur regle. On ſuit ſa voye, parce qu'on y marche depuis long-temps, parce qu'on y a eſté nourri, & qu'on y a vieilli. On ne veut pas ſe détromper dans un âge où l'on ſe croit ſage: on a honte de s'aviſer ſi tard qu'on s'eſt égaré : on aime mieux ſe perdre tout-à-fait, que de penſer à ſe convertir ſur la fin de ſes jours: & l'on ne peut ſe réſoudre à deſabuſer ceux, avec qui on a toûjours veſcu.

Le troiſiéme eſt de ceux qui ont la force de ſurmonter la foibleſſe de leur réſolution, & les obſtacles de la honte, mais qui prennent une fauſſe route dans le chemin de Salut. Celuy qui y marche croit marcher ſeûrement, quoy-qu'il s'égare ; parce qu'il prend l'ombre de la vertu pour la vertu meſme; & qu'il ſe fait une fauſſe équité & une fauſſe droiture pour la vraie : c'eſt une voye ſeûre en apparence, & trompeuſe en effet : car on prend, dit le

Sage, le chemin qui mene à la mort pour le chemin qui mene à la vie. On ſe fait de faux principes de Foy, de Religion, de crainte de Dieu, de pénitence, d'humilité, de dévotion, & de raiſon meſme, quand on n'en a pas de veritables. On ſuit des regles dans ſon déréglement : on ajuſte ſa conſcience à ſon intereſt & à ſa paſſion. C'eſt ainſi qu'on s'égare, en cherchant le chemin, parce qu'on veut trouver la vie dans la région de la mort : on croit obéïr à la Loy, en obéïſſant à ſon humeur, & l'on donne la couleur des vertus à tous ſes vices. C'eſt ainſi qu'une femme du monde autoriſe le luxe & la moleſſe où elle vit, par l'obligation prétenduë que luy impoſe ſa qualité : qu'un Superieur nomme eſprit de regularité, le dur empire qu'il exerce ſur ſon troupeau : car par cét égarement, il n'eſt point de deſordre qu'on ne ſoûtienne de l'apparence de quelque devoir : & il n'y a point

Via homini quæ videtur recta, & noviſſima ejus ducunt ad mortem. *Prov. c. 16.*

de conduite ſi déreglée, qu'on ne mette à couvert par quelque prétexte. On ſe fait par là une morale qui s'accommode à tout, & une conſcience qui ne ſe geſne de rien. Enfin il n'y a point d'engagement de vic, qu'on ne juſtifie par le plan de dévotion qu'on ſe dreſſe : il n'y a point de faux dévot qui n'ait ſon art & ſa methode, pour ſpiritualiſer ſon déguiſement : on appelle zele ſon chagrain : on donne le nom d'integrité à ſa mauvaiſe humeur, & l'on ſanctifie tous ſes vices. Il ne ſe trouve point d'homme colére, dit Saint Auguſtin, qui n'ait ſes raiſons, pour défendre ſon emportement. Tout eſt faux dans le cœur de celuy qui eſt égaré de la ſorte, par la fauſſeté de ſes principes : quand il craint d'offenſer Dieu, ce n'eſt pas tant le peché qu'il craint, que la peine du peché. Ces repioches prétendus que luy fait ſa conſcience, ne ſont que des frayeurs naturelles de l'eſtat où il eſt. Quand

Nulli iraſcēti via ſua videtur injuſta. *Aug. in Pſ.*

Il s'accuse aux pieds du Prestre avec une douleur qu'il pense avoir dans le cœur, & qu'il n'a que dans la bouche, sa pénitence n'est pas sincere : il croit estre gueri, & ses playes sont encore toutes sanglantes. Ce n'est pas à l'Eglise à qui vous croyez, quand vous exercez vostre Religion, c'est à vostre imagination, qui vous fait de nouveaux articles de Foy selon vostre idée. Il en est de mesme des autres pratiques de piété, dont vous amusez vostre dévotion : car ce ne sont souvent que les inventions toutes pures de vostre esprit, & que l'effet de vostre temperament. Ainsi toute la vie qu'on mene dans un égarement si étrange, n'est qu'un mensonge continuel, & qu'une imposture habituelle : on se trompe soy-mesme, mais on ne trompe point Dieu.

Le quatriéme est la vanité, qui se glisse jusques dans les pratiques les plus saintes de la dévotion. On aime la vertu, pour en avoir la réputation : on ſe dépoüille de tout, mais on eſt bien-aiſe de ſe faire honneur de ſon dépoüillement : on ſe cache quelquefois, pour ſe montrer mieux : car quelle forme la vanité ne prent-elle point pour paroiſtre ? Tous les mouvemens de l'ame ſervent à ſon déguiſement. C'eſt par cét égarement qu'on cenſure la conduite des autres, dés qu'on eſt régulier dans la ſienne : qu'on ſe mêle de juger de tout, dés qu'on ſe ſent irreprochable en quelque choſe. Vous n'avez point d'attachemens criminels, mais vous avez une préſomption inſupportable : il y a de la vanité juſques dans voſtre modeſtie, & de l'oſtentation dans vos plus grandes vertus. Ces Vierges folles de l'Evangile, éblouïes de l'éclat de leur pureté, ne découvrirent point pendant leur vie l'orgueïl ſecret qui les rendoit impures aux yeux de Dieu : elles eſtoient chaſtes, mais elles eſtoient ſuperbes. Le vray Fidele n'eſt point vain : il ſe voit toûjours dans la

Dum de virginitate ſua gloriam foris expetunt, in vaſis ſuis oleum habere noluerunt. *Greg. Homil. 12. in Evang.*

dépendance de Dieu : il ſçait qu'il tomberoit à tous momens, s'il n'eſtoit ſoûtenu de ſa puiſſante main ; & tout eſt pur dans ſa conduite, parce que tout y eſt humble.

Vanitatem tantò magis fuge, quantò melior effice-ris : cætera enim vitia creſcunt vitiis, vanitas virtutibus. *Euch. ad Val.*

Le cinquiéme égarement dans le retour au chemin du Salut, eſt l'amour propre, qui fait qu'on ſe ſuit ſoy-meſme, lors qu'on prétend ſuivre Dieu. Ce ſont nos intereſts, nos inclinations, nos deſſeins que nous avons ſouvent en veûë, quand nous penſons regarder les deſſeins de Dieu : & c'eſt dans nos voyes que nous marchons, lors que nous croyons marcher dans les ſiennes. Comme ce Roy d'Iſraël, qui faiſoit ſa propre volonté, en gardant ce qu'il y avoit de précieux dans le butin des Amalécites, quand il croyoit faire la volonté de Dieu. C'eſt ainſi que le plus ſouvent on ne cherche Dieu, que pour ſe retrouver ; & qu'on ne va à luy, que pour venir a ſoy. Ces jeûnes, ces mortifications, ces feſtes, ces cerémonies de ſon Peu-

Non audiſti vocem Domini, ſed verſus ad prædam es, & feciſti malum in oculis Domini. *l.* 1. *Reg. c.* 15.

In die jejunii veſtri invenitur voluntas veſtra. *Iſa. c.* 58.

ple luy ſont deſagréables, parce qu'elles ſe font par amour propre.

C'eſt par cét égarement que certaines gens ſe font des methodes de pe fection, & des voyes nouvelles de ſalut, par attachement à leur opinion. Car enfin ce n'eſt ſouvent que ſoy qu'on cherche, en cherchant la dévotion: on luy impute ce qui vient de nous, comme s'il venoit d'elle, pour autoriſer de ſon nom, ce qui ne ſe fait point par ſon eſprit. Nous nous ſervons des conſidérations de la gloire de Dieu, dans des affaires qui n'ont quelquefois pour but, que l'agrandiſſement de noſtre intereſt, & de noſtre autorité. Car aprés tout, la vertu toute pure ne ſe trouve preſque nulle part: on aime l'intereſt & la douceur qu'il y a d'eſtre dévot plus que la dévotion meſme: ce ſont des veûës ſecrétes & imperceptibles d'honneur, & de réputation, à quoy on eſt encore ſenſible, aprés avoir renoncé à tout: parce qu'on se recherche en toutes choses. Et ceux mesmes, qui s'éloignent de la justice & de la verité, dit Saint Augustin, veulent paroistre la suivre, en donnant le nom de verité & de justice, à ce qu'ils ont résolu de faire.

Sic amatur veritas, ut quicumque aliud amant, hoc quod amant veritatem esse velint. *Conf. l.* 10. *c.* 23.

Voila les sources principales des égaremens differens ausquels les hommes sont sujets dans le chemin du Salut. Mais le Chrétien, qui sera assez fidele, pour marcher toûjours la sonde a la main, & pour découvrir les profondeurs les plus cachées de son cœur, y trouvera encore une infinité d'autres égaremens. Il verra jusque dans la pureté la plus grande de sa vie, des veûës impures d'interest & de vanité; il sentira que sa piété n'est souvent qu'une fausse sagesse de la chair; & que l'amour le plus desinteressé qu'il a pour Dieu, n'est qu'une crainte purement servile de sa justice. Ainsi en dévelopant tous les replis de son ame, il y reconnoistra de la fausseté dans toutes ses vertus, & de la dissimulation dans tous ses vices. Car à quelles foiblesses le cœur de l'homme n'est-il pas sujet? S'il est humble, son humilité ressemble à celle de Saül, qui ne s'abbaisse devant Dieu, que pour s'élever devant les hommes: si ses mains sont innocentes, son cœur est corrompu; s'il a de la ferveur, il n'a pas de la perséverance; s'il a de la pieté, il a de la présomption; s'il est dévot, il n'est pas sincére; & souvent, sous un dehors reglé, il fomente des déréglemens interieurs, qu'il ne connoist pas. On voit des personnes les mieux intentionnées du monde, qui s'égarent par un esprit de déguisement, en se cachant à elles-mesmes, & à ceux qui les conduisent. J'en ay veû d'autres, qui, par des retours perpetuels de scrupules, se troubloient dans toutes les démarches qu'elles faisoient pour la perfection, qui ne regardoient la voye du Salut, que par les perils, dont elle est envi-

Peccavi, sed nunc honora me coram senioribus. *l. 1. Reg. c. 15.*

Quod deforis est mundatis, quod autem intus est, plenum est iniquitate. *Luc. c. 11.*

ronnée, qui ne tomboient, que par la peur qu'elles avoient de tomber, & qui ſe laiſſoient vaincre, avant que d'avoir combattu. Que diray-je de ces gens qui s'attachent dans les choſes de la Religion au pied de la lettre qui tuë, ſans en prendre l'eſprit qui vivifie ? Ils ont des affectations vaines d'exactitude ſur des formalitez dans la vertu, & des negligences effroyables dans les choſes eſſentielles. Ils fondent leur Salut ſur des obſervations exterieures de dévotion, & ils ne gardent pas les Commandemens de Dieu : ils cherchent des morales nouvelles, & laiſſent-là l'Evangile : ils ſçavent toutes les vertus Hierarchiques, & ne connoiſſent pas les vertus Chrétiennes : ils renoncent aux devoirs eſſentiels à leur eſtat, pour s'attacher à des devoirs indifferens : ils ont des ſentimens ſévéres, & menent une vie libre : ils vont au plus ſeûr dans leurs déciſions ſur les affaires ordinaires, & ſuivent l'opinion probable dans l'affaire du Salut. Que diray-je de mille autres gens, qui ſuivent le Sauveur du Monde, comme des brebis ſuivent leur Paſteur, ſans l'écouter; de ceux qui l'écoutent ſans le comprendre, & de ceux qui le comprennent, ſans faire ce qu'ils ont compris, & ſans pratiquer ce qu'il faut faire? Enfin, que diray je de ceux qui s'inquiétent des devoirs de leur prochain, & qui ne ſçavent pas à quoy ils ſont obligez eux-meſmes, qui tremblent pour le Salut des autres, ſans prendre de ſeûreté pour leur propre ſalut, qui ſont ſages & éclairez pour tout le monde, & ne le ſont pas pour eux? Car ſi je voulois dire tout, je ne finirois point.

Mais le plus déplorable de tous les égaremens, eſt de s'abandonner à des guides, qui ſont eux-meſmes égarez. Et c'eſt ce qui arrive quelquefois, aprés avoir évité les autres égaremens. On voit des gens, qui ne penſent qu'à ſe ſauver

sauver, & qui se perdent, parce qu'ils suivent de mauvais conducteurs, tel que fut ce Diréčteur dont parle Sainte Thérese, dans *le Chemin de la perfection*, qui l'égara en la conduisant. Car comme il se trouve en ce temps-icy des Chrétiens semblables à ces Juifs dont parle Saint Chrysostome, qui ajoûtoient plus de foy aux faux Prophetes qu'aux veritables; qu'on ne distingue point assez ceux qui annoncent la verité d'avec ceux qui preschent le mensonge; & qu'on méprise la voix du vray Pasteur, pour écouter celle de l'étranger & du mercenaire: cét égarement est plus universel qu'on ne pense. Mais il devient sans remede, quand Dieu, par une punition terrible, abandonne les ames à ces guides, sur qui il répand luy-mesme des nuages & des tenébres, pour leur oster l'esprit de diréction, & pour les livrer à l'égarement: parce qu'ayant profané la sainteté de leur caractére, ils ont

Homil. in Matt. Ser. 4.

ſuivi dans la conduite des autres leur propre lumiére, au-lieu de ſuivre celle de Dieu, qui eſt la ſource de toutes les lumiéres : ou parce que, par un eſprit d'empire, ils ſe ſont érigez eux-meſmes en Conducteurs, ſans avoir les qualitez neceſſaires à cét employ. Les Dignitez de l'Egliſe, où Dieu appelle ceux qu'il deſtine au gouvernement des ames, ſont pour édifier, & non pas pour détruire : c'eſt pour l'intereſt de voſtre troupeau que vous eſtes élevé, & non pas pour le voſtre. Si ces charges, qui ont paru redoutables aux plus grands Saints, ne vous épouvantent pas, vous eſtes un préſomptueux : c'eſt un faux zele qui vous y porte : ce n'eſt pas Dieu. Et ſi vous vous mêlez de guerir les autres, eſtant vous-meſme couvert de playes : ſi vous prétendez enſeigner le chemin de la vie, en ſuivant celuy de la mort : ſi vous vous endormez à la garde du troupeau comme ces paſteurs dont pare le Prophete, au-lieu de veiller: c'est une usurpation que vostre pouvoir, & non pas une vraye vocation. Malheur à ces Conducteurs, qui veulent passer pour de veritables modeles de vertu, eux qui n'en sont que de fausses copies, parce qu'ils deviennent dans le ministére de leur fonction les canaux de l'indignation de Dieu, à l'égard de ceux qu'ils conduisent; au-lieu qu'ils estoient destinez à estre les canaux de la misericorde, & les médiateurs de la réconciliation au jour de la colére! Je ne parle point de ces Prédicateurs, qui en rompant le pain de la parole de Dieu, s'empoisonnent eux-mesmes de la mesme nourriture qu'ils préparent à leurs auditeurs; ny de ceux, qui marchent par des voyes plus douces, que ne sont celles qu'ils montrent aux autres; ny de ceux, qui entretiennent les ames dans un faux calme, par des complaisances cruelles, & par des douceurs interessées. Je ne dis rien de l'égare-

Dormitaverunt pastores tui. *Nah. c.* 3.

ment du ſcandale, & du mauvais exemple, qui eſt l'écueïl le plus dangereux de tous dans le chemin du Salut. Combien de gens de condition ſe perdent, parce que la voye large eſt la plus autoriſée par le nombre, & par la qualité de ceux qui y marchent? Ce ſont enfin des égaremens & des piéges preſque par tout, quand on veut y prendre garde. Quel reméde à ce malheur? C'eſt d'élever ſans ceſſe ſon cœur à Dieu, pour implorer ſon aſſiſtance dans une courſe ſi difficile, & *de faire ſon Salut avec crainte & tremblement*, ſelon le conſeil de l'Apoſtre.

Cum metu & tremore ſalutem veſtram operamini. *Phil. c. 2.*

CHAPITRE VIII.

Qu'il faut travailler à l'affaire du Salut avec tremblement.

EN quelle ſeûreté le Chrétien peut-il eſtre, dans une vie expoſée à tant de perils, & quelle aſſeûrance peut-il avoir, en marchant dans une voye sujette à tant d'égaremens ? Le chemin est si plein de détours & de précipices, qu'on est en danger de s'y perdre, à chaque pas qu'on y fait. Bienheureux donc est l'homme, qui marche toûjours avec crainte, & avec circonspection, dans une route si perilleuse. Ce qui a fait dire à Salomon, *qu'on ne commence à estre sage devant Dieu, que lors qu'on commence à le craindre.* En effet, la premiére démarche dans le chemin du Salut, est de se défier de soy: ce qui n'est pas difficile, quand on se connoist. Les tenébres de nostre esprit, les foiblesses de nostre volonté, les miseres dont nous sommes revestus, sont pour nous de grands sujets d'humiliation & de défiance. *La plus grande justice de l'homme*, dit S. Grégoire, *n'est qu'injustice, si Dieu la juge à la rigueur.* Il est vray, dit Isaïe, que *nous sommes legers & inconstans, comme la feuille des arbres; & nos iniquitez nous emportent, comme un vent im-*

Beatus homo qui semper est pavidus. *Prov. c. 28.*

Initium sapientiæ timor Domini. *Eccles. c. 1.*

Omnis humana justitia, injustitia est, si strictè judicetur. *Greg. in Iob. c. 9.*

Cecidimus quasi folium universi, & iniquitates

nostræ quasi ventus abstulerunt nos. *Isa. c. 54.*

pétueux. C'est ce qui me fait trembler, quand je voy tant de Dames de qualité vivre dans une fausse tranquillité, au milieu des perils de la vie molle & voluptueuse qu'elles menent. Elles ne pensent pas mesme à prendre des précautions pour l'importante affaire du Salut. La priére, l'aumône, la fréquentation des Sacremens, qui sont les moyens les plus ordinaires dont on se sert pour se sauver, ne sont presque d'aucun usage parmy les femmes mondaines. Elles vivent dans un oubli de Dieu, qui est épouvantable: & l'attention qu'elles ont à se perdre, surpasse celle que les gens de bien ont à se sauver. Nous lisons dans la Vie des Peres, que l'Abbé Pambo, ayant un jour trouvé sur le chemin d'Alexandrie une Courtisane vestuë superbement, & d'un air fort mondain, il ne pût s'empescher de déplorer l'aveuglement de cette pauvre créature, & de dire, en gémissant:

Ruf. l. 3. de vit. Patr.

Que je ſerois heureux, ſi je prenois autant de peine à plaire à Dieu, & à me ſauver, qu'en prend cette femme à plaire aux hommes, & à ſe perdre! Voilà l'image de la vie que menent aujourd'huy les femmes du monde, qui paſſent les jours entiers à ſe parer : un cheveu mal placé ſur leur teſte, un ruban mal attaché ſur leurs habits, les occupe, & la penſée de l'éternité ne les occupe pas. En quoy leur miſere eſt déplorable. Quelle folie, de croire ce que la Foy nous propoſe du Jugement dernier, & de ne le pas craindre! Quel eſt noſtre aveuglement, de ſçavoir que Dieu, qui *ſonde les cœurs*, comme dit le Sage, peſera nos œuvres au poids de ſa juſtice & de ſa verité, & de ne pas trembler? *Quelle aſſeûrance peut avoir le pecheur*, dit Saint Pierre, *ſi le juſte à peine ſera ſauvé ?*

Spirituum ponderator Dominus. *Prov. c. 16.*

Si juſtus vix ſalvabitur : peccator, & impius ubi parebunt? 1. *Pet. c.* 4.

Mais enfin, examinons la juſtice de vos prétentions dans la conduite de l'affaire du Salut. Voyons par quel titre vous pouvez prétendre à ce Royaume, qui ne se donne qu'à ceux qui résistent à leurs desirs, vous qui suivez vos inclinations en toutes choses? Car, où sont vos œuvres, vos aumônes, vos pénitences? Que faites-vous enfin, pour mériter une couronne, qui n'est promise *qu'à celuy qui aura dignement combattu?* Un établissement temporel couste tant de pas, tant de soins, tant de peines, tant d'inquiétudes, & l'on espere qu'un établissement éternel ne doive rien couster? Prétendez-vous mériter, sans rien faire, cette gloire, que les Martyrs n'ont acquise, que par leur sang; que les Vierges n'ont remportée, que par un renoncement continuel à leurs plaisirs; & que tant de gens de bien n'esperent, que par une perseverante fidelité dans la souffrance? Est-ce que vostre vie doit estre privilegiée, plus que celle des autres? Où est-ce que vous avez quelque asseûrance d'estre traité plus

Non coronabitur, nisi qui legitimè certaverit.

favorablement au Jour de la colere du Seigneur, vous qui avez eû tant de mépris pour sa misericorde ? C'est l'aveuglement ordinaire des gens du monde, dit Saint Grégoire, qui mettent tellement leur esperance dans les choses passagéres, qu'ils n'ont aucune attention aux éternelles : & à force de penser à la vie qui passe, ils oublient le prix d'une vie qui durera toûjours. Leur cœur est tellement obscurci des tenébres de leur esprit, que la lumiére du jour éternel ne fait plus d'impression sur leurs ames : les menaces de Dieu, les frayeurs de ses Jugemens, l'incertitude de la mort, les suites fâcheuses de cette affaire, que l'Evangile appelle la seule affaire importante, ne les touche plus ; parce qu'ils n'y pensent pas : & ils sont sans inquiétude, parce qu'ils vivent sans réflexion.

Sic cæcitate cordis oculus clauditur, ut æternæ luci non intendatur. 18. *Mor.* c. 7.

Spem totam in rebus transeuntibus ponunt : habere nulla, nisi quæ trãseunt, concupiscunt : cumque nimis transeuntia cogitant, mansura nullatenus spetant. *Ibid.*

Pensons-y nous autres, qui avons de la Foy ; tremblons dans l'attente de ce Jour terrible, auquel Dieu rendra à chacun ſelon ſes œuvres. Imitons les plus grands Saints, qui ont travaillé à leur Salut avec une ſainte frayeur. C'eſtoit l'eſprit des premiers Chrétiens, qui remplis de ces grandes idées, que la Foy leur propoſoit, le voient inceſſamment les yeux au Ciel, où eſtoit leur eſperance, & vivoient dans une crainte perpetuelle des Jugemens de Dieu. Ils ne regardoient les treſors de ſa miſericorde, qu'au-travers des treſors de ſa colere & de ſa vengeance. Et ce grand Jour, auquel Dieu ſe fera juſtice de tous les outrages qu'on aura fait à ſa clemence, leur paroiſſoit d'autant plus redoutable, qu'ils avoient plus de Foy, parce qu'ils en comprenoient mieux les effroyables ſuites. Saint Paul, aprés avoir receû les prémices de la Grace, & les rayons les plus purs de l'Eſprit d'adoption de la Loy nouvelle, diſoit aux Chrétiens de la Ville de Corinthe, afin d'exciter leur Foy, en excitant leur crainte : *Qu'il chaſtioit ſon corps, & qu'il l'aſſujétiſſoit à la ſervitude, pour ne pas s'expoſer à ſe perdre, aprés avoir contribué par ſes prédications à ſauver les autres.* Saint Jerôme avoüe qu'il ne trouvoit point de ſeûreté dans ſa ſolitude : le ſouvenir des divertiſſemens de ſa jeuneſſe ſe preſentoit ſans ceſſe à ſon imagination, pour ſe mêler dans ſes occupations les plus ſaintes : les images du luxe & de la vanité, qu'il avoit veüe tant de fois dans les aſſemblées des Dames Romaines, venoient le troubler juſque dans les lieux les plus écartez de ſon deſert : l'auſterité de la vie qu'il menoit parmy les rochers, n'eſtoit pas capable de l'en garantir. Car ſa chair, toute affoiblie qu'elle eſtoit, par le jeûne, & par le cilice, faiſoit encore la guerre à ſon eſprit : & parmy les rigueurs les plus grandes de ſa pénitence, il ne laiſſoit pas que d'eſtre ſaiſi de frayeur, à la ſeule penſée du Jugement dernier. Le ſon

Caſtigo corpus meum, & in ſervitutem redigo, ne cùm aliis prædicaverim, ipſe reprobus efficiar. 1. Cor. c. 9.

éclatant de la trompette, qui devoit aſſembler les hommes devant le Tribunal de Dieu, imprimoit dans ſon cœur la terreur du Juge: & ſon ame eſtoit pénetrée de crainte toutes les fois qu'il retraçoit dans ſon eſprit les traits d'une image ſi pleine d'effroy.

Combien d'autres grands Saints, aprés avoir paſſé leur vie dans les deſerts les plus écartez, pour méditer avec moins de diſtraction le Jour terrible du Seigneur, & pour s'y préparer par une longue pénitence, n'ont pas laiſſé que de pallir aux approches de la mort: parce que la ſainteté de Dieu, & la profondeur incompréhenſible de ſes Jugemens les effrayoit: & que ny l'auſterité de leur vie, ny la pureté de leurs mœurs n'eſtoit pas capable de raſſeûrer leurs eſprits contre l'incertitude de ce moment fatal, d'où dépend l'éternité? Nous apprenons de l'Hiſtoire que Pelage a écrite de la Vie des Peres, que Théophile, Patriarche d'Alexandrie, ayant veſcu dans une grande ſainteté, & eſtant prés de rendre l'eſprit, diſoit : *Que vous eſtes heureux, ô Arſene, d'avoir eû ſans ceſſe devant les yeux cette heure derniére, pour vous y préparer!* Et nous liſons dans le Livre dixiéme de la meſme Hiſtoire, qu'il y avoit parmy les Solitaires, dont cét Auteur écrit les Vies, un Anacoréte, que la vertu avoit rendu redoutable aux beſtes les plus farouches, ſans avoir pû luy donner de l'aſſeûrance pour ſon Salut. Les Lions, parmy leſquels il dormoit, trembloient devant luy, effrayez de ſa ſainteté, pendant qu'il trembloit luy-meſme devant Dieu, effrayé de ſes imperfections & de ſes foibleſſes. Heureux donc celuy, qui ſans ceſſe s'humilie ſous la hauteur ineffable des deſſeins de Dieu, dans l'affaire de ſon Salut, & qui tremble toûjours dans la veûë de ſa Juſtice, ſans perdre la confiance en ſes miſéricordes. Aprés que ces grands Saints ſe ſont dé-

Beatus es, Arſeni, quia ſemper hanc horâ ob oculos habuiſti. *Pelag. l. 5. de vit. Patrum.*

fiez d'eux-mesmes, quel aveuglement seroit-ce au pecheur, de se croire en seûreté? Les plus justes ont toûjours esté les plus humbles; & ceux, dont la vie a esté la plus pure, ont esté les moins asseûrez à la mort: parce que leur Foy leur faisoit ouvrir les yeux, pour en voir mieux la consequence.

Mais, si ces exemples n'estoient pas capables de nous étonner, que la corruption de nos cœurs, la legereté de nos esprits, l'experience de nos foiblesses, la multitude des perils dont nous sommes environnez, la difficulté de se sauver, & qu'enfin la molesse, & le relâchement extrême de ces derniers siécles nous étonnent: car dans le déreglement, où l'on vit à present; qui est assez pur, pour ne jamais faire le mal, & qui est assez fidele, pour faire toûjours le bien? Qui sçait, si dans les actions les plus saintes on a toûjours agi avec tout le desinteressement que demande la pureté de nostre Reli-

In nos fines sæculorum devenerunt. 1. Cor. c. 21.

gion ? Et si nos actions sont pures, nos intentions le sont-elles ? Car, le moyen de démêler tous les plis & les replis de nostre cœur, & de faire un discernement juste du mouvement veritable qui le fait agir ? Il y a au fond de nos ames de certaines foiblesses, qui souvent nous sont inconnuës à nous-mesmes : les plus parfaits ont des délicatesses sur leur honneur qu'ils ne voyent pas, ou qu'ils affectent de ne pas voir : & les plus mortifiez ont des pechez favoris, & des défauts qu'ils cherissent, par des tendresses secretes, qu'ils ont pour eux-mesmes.

Que diray-je de la guerre continuelle de la chair contre l'esprit, où tant de grands hommes ont esté vaincus : sans parler du relâchement si ordinaire aux plus gens de bien : lesquels, aprés avoir long-temps marché dans la voye rude de la vertu, se sont laissez vaincre à la lassitude, qui leur abbatoit le courage dans les fatigues d'une course si laborieuse. Enfin la foiblesse de l'homme est si grande, qu'il est presque toûjours sujet à se méconnoistre, s'il ne se souvient sans cesse de sa misere : c'est un vase de terre, toûjours prest à se briser.

Ainsi, que le juste se défie toûjours de luy-mesme, parmy les piéges, où sa vertu est exposée. Car aprés que Sansom s'est trouvé foible dans sa force, que David s'est corrompu dans son innocence, que Salomon s'est égaré dans sa sagesse, qui ne tremblera ? Ce qui a fait dire à Saint Augustin, que *la cheûte des forts est comme un coup de tonnerre, qui doit jetter la terreur dans le cœur des foibles.* En effet, aprés que les étoilles se sont obscurcies, & que le Ciel s'est ébranlé à la presence de Dieu: aprés que la fidélité de ses plus grands Serviteurs a paru chancelante, & qu'il a trouvé luy-mesme de l'impureté dans ses Anges, les plus pu-

Sit ergo lapsus majorũ tremor minorum. *Psal.* 50.
Ecce stellæ non sunt mundæ in conspectu ejus. *Iob.* c. 25.
Columnæ cæli contremiscunt ad nutum ejus. *Iob.* c. 26.

res des créatures : nous autres, qui ne ſommes que des vers de terre, paîtris de boûë & de pouſſiére, eſperons-nous d'eſtre inébranlables ? Si les hommes les plus juſtes de l'ancienne Loy reconnoiſſoient des taches ſecretes dans leurs plus grandes vertus, & s'ils ne pouvoient s'empeſcher d'avoûër, que les œuvres les plus pures de leur juſtice, eſtoient pleines d'impureté : que ſera-ce des pecheurs, qui ont veſcu dans la corruption des derniers ſiécles ? Mais où trouver de la ſeûreté ? Car *l'homme eſt aujourd'huy, & il diſparoiſt demain.* Combien voit-on de perſonnes, que la mort ſurprend tous les jours au milieu de leur courſe, occupez de leurs affaires, ou de leurs plaiſirs ? Et quelle aſſeûrance peut-on avoir parmy tant d'incertitude ?

Ecce qui ſerviunt ei, non ſunt ſtabiles, & in Angelis reperit pravitatem. *Iob. c. 4.*

Quantò magis hi, qui habitant domos luteas, qui terrenum habent fundamentum ? *Ibid.*

Ecce inter ſanctos ejus nemo immutabilis. *Iob. c. 15.*

Hodie homo eſt, & cras non comparet. *Gerſ. l. 1. c. 23.*

Détrompons-nous donc une bonne fois de toutes les illuſions qui nous empeſchent de penſer à noſtre Salut, avec toute la crainte & toute la frayeur que nous ordonne l'Apostre. Retraçons dans nos esprits ces grandes images de l'éternité, que la Foy y a autrefois gravées, afin de marcher dans la voye étroite, avec toute la fidelité qu'il faut. Ecoutons quelquefois les soûpirs & les gémissemens des Prophetes, quand ils parlent du petit nombre des Prédestinez, & de l'effroyable multitude des réprouvez. Considerons de quelle maniére Dieu exercera ses Jugemens, quand le Jour de sa colere, *ce Jour cruel*, dit le Prophete, sera arrivé. Souvenons-nous que le Fils de Dieu, qui vient maintenant chercher la breby égarée en veritable pere, & avec toutes les inquiétudes & les fatigues d'un charitable Pasteur, se fera rendre compte de nos actions, en Juge d'autant plus sévére, qu'il a esté plus doux, & plus misericordieux. C'est luy qui est cét Agneau redoutable de l'Apocalypse, qui deviendra un Lion, pour se faire justice des outrages que les pecheurs auront faits à sa bonté. Et c'est alors

Ecce dies Domini veniet, dies crudelis. *Isa. c.* 13.

Ab ira Agni. *Apoc. c.* 8. Ecce vicit leo de tribu Juda. *Apoc. c.* 5.

qu'il paroiſtra aux yeux de l'Univers avec tout ce que la Majeſté a de plus terrible. La Lune tombera dans la defaillance, le Soleil s'obſcurcira, les Puiſſances du Ciel ſeront ébranlées, la terre ſera dans l'épouvante, & tous les hommes ſeront ſaiſis de frayeur, à la veûë d'un Juge qui ſera inexorable. Qui pourra ſoûtenir alors tout le poids de ſa colere? Car *c'eſt une choſe épouvantable*, dit Saint Paul, *que de tomber entre les mains du Dieu vivant*. Les hommes ne puniſſent qu'en hommes: mais ce rigoureux Juge, au Tribunal duquel toutes les œuvres ſeront manifeſtées à la face du Ciel & de la Terre, punira en Dieu, aprés avoir amaſſé un treſor d'indignation, pour faire éclater ſur la teſte des pecheurs toute la peſanteur de ſa vengeance. Comme ſa patience n'a point eû de bornes, ſa Juſtice n'aura point de barriére qui l'arreſte. Il ſera luy-meſme accuſateur & Juge: & comme il a eſté le témoin

Cum Agno pugnabunt, & Agnus vincet. *c.* 13.

Horrendum eſt incidere in manus Dei viventis. *Heb. c.* 10.

Omnes vos manifeſtari oportet ante tribunal Chriſti, ut referat unuſquiſque propria corporis, prout geſſit, ſive bonum, ſive malum. 2. *Cor. c.* 5.

de la Foy que nous luy avons promiſe au Bapteſme, il en ſera le vengeur, ſi nous l'avons violée. Rien ne pourra eſtre caché à ſa veûë : chaque choſe ſe dévelopera à ſes yeux : toutes les qualitez exterieures de capacité, de puiſſance, de grandeur, diſparoiſtront à ſa preſence : & chacun ſera jugé ſelon ſes œuvres. Mais que le moment ſera funeſte, auquel le viſage aimable du Sauveur ſera pour jamais caché aux impies! Ah, mon Dieu, puniſſez-moy dans cette vie, pour me pardonner dans l'autre! faites-moy juſtice dans le temps, pour me faire miſericorde dans l'éternité : que je ſente dés-à-preſent les rigueurs de voſtre colere, pour ſentir toûjours les douceurs de voſtre Bonté & de voſtre Clemence. Tremblez cependant, ſages du monde, qui n'avez employé, que pour vous perdre, cette ſageſſe, que Dieu ne vous avoit donnée, que pour vous ſauver. Tremblez Grands de la terre, qui ne vous ſervez de voſtre pouvoir, que pour encourir l'indignation de celuy qui vous la donné.

Au reſte, ſi ce Tribunal terrible du Jugement dernier, ſi cette redoutable aſſemblée des créatures armées, dit le Sage, pour venger les injures faites au Créateur: ſi cette diſtribution publique des peines & des récompenſes, qui ſe fera d'une maniére ſi étonnante au Jour du Seigneur : ſi toutes ces affreuſes images du Jugement dernier, nous paroiſſent des objets trop éloignez, pour exciter noſtre vigilance & noſtre fidélité : que le cours rapide de nos années, la briéveté de noſtre vie, l'incertitude de l'heure de noſtre mort; les égaremens de noſtre voyage, les écueïls de cette dangereuſe mer, ſur laquelle nous ſommes embarquez, & tous les accidens où noſtre condition eſt expoſée, nous obligent du moins à veiller ſur nous, pour n'eſtre pas ſurpris.

Armabit creaturam ad ultionem. *Sap. c. 5.* Pugnabit cum illo orbis terrarum contra inſenſatos. *ibid.*

Mais aussi, que les précautions que prennent les Fideles, pour se préparer à la mort, par une grande sainteté de vie, ne soient pas capables de leur donner des asseûrances trop présomptueuses de leur Salut. Ce n'est point sur nos mérites que nous devons établir nostre confiance: car si le moindre de nos soûpirs pour le Ciel n'est pas en nostre pouvoir : quelle certitude pouvons-nous avoir de nostre perseverance? Et outre que la grace ne dépend pas de nous, elle n'est pas toûjours également favorable: & quand elle l'est, on a peine à la conserver dans un lieu qui luy est étranger, & parmy tant d'ennemis: car le démon, dont la puissance est redoutable, se sert du monde, de ses charmes, & de nous-mesmes, contre nous, pour nous perdre. Ainsi, quelque parfaits que nous soyons, ne laissons pas que de trembler, en travaillant à nostre Salut. Si nous avons vêcu conformément à nostre créan-

Non est volentis, neque currentis, sed miserentis Dei. *Rom.c.9.*

ce, ne nous glorifions point comme ces ouvriers indiſcrets de l'Evangile, qui ſe vantoient d'avoir porté le poids du jour, & l'ardeur du Soleil : car peut-eſtre, dit le Sauveur, que *les derniers ſeront les premiers, & les premiers les derniers*. Si noſtre conduite eſt irreprochable, & noſtre réputation pure aux yeux du monde, ne nous en orgueïlliſſons pas, puis qu'il s'eſt trouvé des Vierges, qui ont eſté chaſſées des Nopces de l'Agneau. Si noſtre morale eſt étroite, ne nous en vantons point : puis que le Phariſien, qui jeûnoit deux fois la ſemaine, & faiſoit de grandes aumônes, devint criminel au pied des Autels. Ne comptons point ſur nos bonnes œuvres, aprés que le jeune homme, dont parle Saint Matthieu, qui avoit gardé la Loy, n'eût pas la force de ſuivre le Fils de Dieu, & de garder l'Evangile. Si nous avons quitté le monde, ne croyons pas pour cela eſtre tout-à-fait en ſeûreté. Car com-

Qui portavimus pondus diei, & æſtus. *Mat. c.* 20.

Erunt noviſſimi primi, & primi noviſſimi. *ibid.*

Amen dico vobis, neſcio vos. *Mat. c.* 25

Jejuno bis in Sabbato, decimas do omnium quæ poſſideo. *Luc. c.* 18.

bien s'eſt-il autrefois trouvé des Solitaires dans les deſerts, qui paſſoient les jours à prier, & les nuits à gemir, & qui, aprés s'eſtre meurtri le ſein de coups, & s'eſtre baignez de larmes, dans l'exercice continuel d'une pénitence horrible, ſont tombez dans des deſordres effroyables?

Vit. Pat. l. 8. Palladius Eveſque d'Helenopolis rapporte qu'un Hermite d'Alexandrie nommé Eron, ayant veſcu pluſieurs années dans une ſi haute perfection, qu'il demeuroit les mois entiers, ſans prendre d'autre nourriture, que celle qu'il recevoit de la participation des ſaints Myſtéres par la Communion, fit une cheûte ſi prodigieuſe, qu'il s'abandonna à toutes ſortes de crimes. Tout le monde ſçait le malheur d'Eutychés, qui donna du credit à ſon erreur, plus par une morale ſevere, que par une doctrine exacte. Et l'on nous raconte qu'un Anacoréte demeura une partie de ſa vie, comme Simeon le le Stylite, ſur une Colomne, pour autoriſer une Héreſie. Saint Hilaire aſſeûre que l'Empereur Conſtance faiſoit baſtir des Egliſes, & diſtribuër de grandes richeſſes aux pauvres, pendant qu'il tenoit en priſon les Eveſques Catholiques, & qu'il fomentoit l'Arianiſme dans ſon Empire. Tant il eſt vray que les œuvres les plus ſaintes, ſans la Foy, & ſans la ſoûmiſſion à l'Egliſe, ſont des aſſeûrances mal fondées pour le Salut. Les ſacrifices, meſme les plus ſanglans, de la chair & du corps, ne ſont que des illuſions, s'ils ne ſont accompagnez du ſacrifice de l'eſprit & de la volonté.

Ecclesiæ recta ſtruit, ne fidem deſtruat. *Hil. lib. cont. Conſt. vita functum.*

Aprés donc que tant de grands perſonnages ſe ſont perdus, en marchant dans la penible courſe du ſalut, par une confiance trop humaine en l'auſterité de leur vie : aprés que les plus élevez en la perfection ſe ſont humiliez dans la veûë des deſſeins éternels de Dieu, ſur leur prédeſtination, comme dit

Incurvati ſunt colles mundi ab itineribus æternitatis. *Habac. c. 4.*

le Prophete, qui eſt-ce qui ne doit ſe défier de luy-meſme? Et ſi les Cedres les plus élevez des montagnes, tremblent au ſeul bruit de l'orage, & aux approches de la tempeſte, que ſera-ce des petites herbes des champs? Concluons donc avec l'Apoſtre, ſoit que nous ſoyons juſtes, ou que nous ne le ſoyons pas; que c'eſt toûjours *avec crainte & avec tremblement*, qu'il faut marcher dans la voye du Salut: car aprés tout, la plus grande précaution que le Chrétien puiſſe prendre pour ſe ſauver, eſt de ſe défier toûjours de luy-meſme. En effet, on n'eſt éclairé qu'en tant qu'on connoiſt ſes tenébres: & on ne commence à ſentir ſa force, que par le ſentiment ſincére qu'on a de ſa foibleſſe. Mais parce que la défiance de ſoy-meſme devient un obſtacle au Salut, ſans la confiance en Dieu, il importe d'établir cette confiance, en faiſant voir que l'ouvrage du Salut devient aiſé à celuy qui met ſon eſperance en Dieu,

& qui s'appuye ſur la fermeté de ſa parole.

CHAPITRE IX.

Qu'il n'eſt pas difficile au Chrétien de ſe ſauver.

MAIS ſi le chemin de Salut eſt ſi difficile ; ſi les dangers y ſont ſi grands, & les égaremens ſi ordinaires, qu'il ne faut marcher dans un voyage ſi perilleux qu'en tremblant, qui eſt-ce qui pourra ſe ſauver ? C'eſt ce que les Apoſtres objecterent au Fils de Dieu, quand il leur expliqua le myſtére du Salut. Le Sauveur du Monde leur répondit, que *ce qui eſtoit impoſſible à l'homme, ne l'eſtoit pas à Dieu*. Et il raſſeûre les foibles par ces paroles : Il eſt vray que ſi le Salut de l'homme devoit eſtre l'ouvrage ſeul de ſes mains, ce luy ſeroit une choſe impoſſible, qui devient aiſée dés que

Quis ergo ſalvus eſſe poterit ? Reſpondit Jeſus : Apud homines impoſſibile eſt : apud Deum autem omnia poſſibilia ſunt. *Matt.* c. 19.

Dieu s'en mêle. *Ce n'est pas moy,* dit Saint Paul, *mais c'est la grace de Dieu avec moy.* Ainsi ne tombons point dans cette défiance timide, qui faisoit autrefois trembler les Disciples. Le bras de Dieu est tout-puissant; la vertu de ses paroles peut surmonter elle seule tout ce qui luy résiste. C'est à luy, qui rend les ames justes, d'injustes qu'elles sont, à rompre nos chaînes, & dissiper nos tenebres. N'alleguons donc point de fausses raisons, pour nous dispenser du soin de nostre Salut. Car premiérement, Dieu de son costé veut nous sauver; secondement, rien ne peut nous en empescher du nostre; en troisiéme lieu, l'affaire d'elle-mesme n'est pas difficile. Ces trois considérations bien examinées, pourront servir à encourager ceux, qui se forment trop aisément des difficultez dans la voye étroite.

Non ego, sed gratia Dei mecum. *1. Cor. c. 15.*

Qui justos ex injustis facit. *Prosp. de ing.*

Pour ce qui regarde la premiére considération, c'est une verité si établie dans nostre Religion, que Dieu veut ſincérement ſauver les hommes, que je ne prétends point l'éclaircir davantage: car je parle à des Fideles, comme j'ay déja dit: ſi quelqu'un en doutoit, il n'auroit qu'à conſulter Saint Paul, dans ſa premiére Epître à Timothée, dont tout le deſſein roule ſur cette verité: & la principale raiſon dont cét Apoſtre ſe ſert, pour perſuader à ſon Diſciple l'ordre qu'il luy donne, de faire prier Dieu pour tous les hommes, ſur tout pour les Rois, & pour les Grands de la terre, dont la qualité a plus d'oppoſition au Salut, eſt parce que *le Fils de Dieu veut que tous les hommes ſoient ſauvez*. La morale qu'il établit dans les Chapitres ſuivans, n'eſt fondée que ſur ce principe, qu'il approfondit dans ſes autres Epîtres, d'une maniére à ne laiſſer aucune difficulté qui puiſſe reſter ſur ce ſujet. Car, *Dieu ne nous a point choiſis, pour eſtre les objets de ſa colére*, dit ce grand Saint; *mais*

Omnes homines vult ſalvos fieri. 1. *Tim. c.* 2.

Non poſuit nos Deus in iram, ſed in acquiſitionem ſalutis, per Dominum noſtrum Jeſum Chriſtum. *Theſſ.* c. 5.

pour nous ſauver par noſtre Seigneur JESUS-CHRIST. Et aprés que le Sauveur du Monde a pris la forme d'un eſclave, comme dit cét Apoſtre; aprés l'impatience qu'il a fait paroiſtre aux hommes de répandre ſon Sang pour eux, afin d'appaiſer ſon Pere, en recevant luy-meſme les coups dont ſa Juſtice nous vouloit frapper, qui pourra douter de la ſincérité de ſon amour? L'empreſſement de ſon zele pour noſtre Salut fut ſi grand, que la ſoif, dont il parut ſi alteré ſur la Croix, n'eſtoit qu'une foible image du deſir ardent qu'il avoit de nous ſauver.

Non delectaris in perditionibus noſtris. *Tob. c.3.*

Que diray-je de ces entrailles d'une bonté toute-paternelle, dont parle le Prophete Zacharie, avec leſquelles il vint nous viſiter dans ſon Incarnation? Enfin, que ne fait point ce Dieu riche en miſericorde, comme dit l'Apoſtre, pour nous marquer ſon amour? A quelle condeſcendance ne s'abbaiſſe-t-il pas, pour nous perſuader qu'il nous ai-

Per viſcera miſericordiæ Dei noſtri, in quibus viſitavit nos oriens ex alto. *Luc. c. 1.*

Deus autem, qui dives eſt in miſericordia, propter nimiam ſuam charitatem quâ dilexit nos. *Epheſ. c. 2.*

me? Cette patience, qu'il a pour souffrir nos imperfections; ces mesures qu'il prend, afin que nous ne soyons pas tentez au-delà de nos forces; ces mesnagemens, ausquels il s'assujétit, pour épargner nos foiblesses; ces lenteurs de sa justice, dans la punition de nos crimes; ces graces prévenantes, pour nous éloigner du peché; ces invitations, pour attirer nostre confiance, dont l'Ecriture est pleine; ces plaintes qu'il fait dans ses Prophetes, quand on ne s'adresse pas à luy; ces paraboles de la Breby égarée, de l'Enfant prodigue, & de toutes les autres expressions de sa bonté; ces réjouïssances du Ciel & de toute la Cour celeste, à la conversion d'un pecheur, & mille autres marques de sa tendresse, nous doivent sans cesse exciter à une confiance vraiment filiale envers un si bon Pere, & à nous reprocher la dureté de nos cœurs: si nous doutons qu'il nous aime; car il est *ce Pasteur* de l'Evangile, *qui donne sa*

Fidelis Deus, qui non patietur vos tentari supra id quod potestis. *1. Cor. c. 10.*

Gaudium erit super uno peccatore pœnitentiam agente. *Luc. c. 15.*

Bonus pastor dat animam suam pro ovibus suis. *Ioan. c. 10.*

vie pour ſon troupeau , & qui ne peut voir aucunes de ſes brebis dans l'égarement, qu'il ne ſoit preſt de quitter les autres, leſquelles ſont en ſeûreté, pour courir aprés celle qui eſt en danger de ſe perdre. C'eſt luy enfin, qui pour nous apprendre encore mieux l'empreſſement de l'amour qu'il a pour nous, par le deſir dont il brûle, de devenir l'Epoux de nos ames, nous propoſe la parabole des Invitez aux nopces de l'Evangile, & qui ne peut voir ſans douleur, l'orgueïlleux refus qu'on luy fait de s'y trouver ſous de méchans prétextes, & par de fauſſes excuſes.

De quelque ſévérité qu'il uſe à l'égard du pecheur , il menace long temps avant que de punir, pour eſtre obligé de ne le pas faire : & par une bonté ineffable, il nous meſnage d'autant plus que nous ſommes foibles. Plus le mal eſt extrême, plus il fait paroiſtre de puiſſance en le gueriſſant. Car quelque grande que ſoit noſtre méchanceté, elle a ſes bornes, & la bonté de Dieu n'en a point. La profondeur du crime ne peut épuiſer l'abîme de ſa miſericorde : & dans quelque abandon que le peché jette l'homme, ce miſericordieux Sauveur a compaſſion de ſa miſere, parce qu'il connoiſt la grandeur de ſa foibleſſe. Et pouſſé par l'amour extrême, dont il nous a aimez, *il nous invite luy-meſme à eſperer en ſes bontez*, dit Saint Auguſtin, *lors que nous provoquons ſa colére par nos réſiſtances* : car il veut encore plus ardemment noſtre Salut, que nous ne le voulons : il nous prie de ne pas nous perdre, ajoûte le meſme Saint ; & que nous ayons pitié de nous : mais combien de fois nous l'a-t-il demandé, ſans pouvoir l'obtenir ? Quoy ! un Sauveur ſi aimable, & un Médiateur ſi puiſſant, n'aura pas le credit de s'attirer noſtre confiance, dans une affaire où nous avons tant d'intereſt ? Voilà quelle eſt la diſpoſition du coſté de

Nos te provocamus ad iram : tu nos ad miſericordiam. *L. 1. de viſit. infirm.*

Deus te rogat, ut tui miſerearis, & non vis : cauſam apud te agit, & non poteſt impetrare. *Aug. Serm. 102. de Temp.*

Dieu pour noſtre Salut : voyons quelle eſt la noſtre.

C'eſt la ſeconde conſidération. Mais ſi noſtre foibleſſe meſme peut nous eſtre utile pour gagner le Ciel, & ſi noſtre propre miſere peut y contribuër, qu'y a-t-il de noſtre coſté, qui puiſſe nous empeſcher de nous ſauver? Donnons-nous donc bien de garde de tomber dans le découragement: parce que nous ſommes reveſtus d'une chair infirme, que la legereté de noſtre eſprit, & la foibleſſe de noſtre volonté ne nous effraye point. Car ſi l'indignité de noſtre condition, & la corruption de noſtre nature n'a pas empeſché le Fils de Dieu de nous faire grace, en ſe faiſant noſtre Rédempteur ; noſtre miſere ne l'empeſchera pas d'accomplir l'ouvrage de noſtre rédemption. Si noſtre ingratitude & noſtre méchanceté ne la pas rebuté, noſtre foibleſſe & noſtre ignorance ne le rebutera pas. Ainſi, regardons les miſericordes que Dieu nous a déja faites tant de fois pendant la vie, comme un gage & une asseûrance des misericordes qu'il nous fera dans l'éternité. Si la voix de nos crimes nous trouble comme David, souvenons-nous que le Fils de Dieu a répandu son Sang dans la Croix, pour nous en purifier. Si nos foiblesses nous découragent, pensons que les sujets les plus foibles deviennent les plus forts dans ses mains. C'est sur nostre propre infirmité qu'il fait triomper la puissance de sa grace. Le Publicain, qui se reconnut criminel devant Dieu, fut justifié par le sentiment humble de son estat. Tant il est vray, que la foiblesse mesme devient un instrument de force, & une source de grace au Chrétien, quand il sçait la reconnoistre.

Longè à salute mea verba delictorum meorum. *Ps.* 21.

Descendit hic justificatus in domum suam. *Luc. c.* 18.

Ne me dites donc point que vous estes plein de miseres : car si vous le reconnoissez sincérement, cette connoissance deviendra vostre mérite & vostre vertu.

Ne m'alleguez point vostre estat, ny vostre engagement de vie. Raab s'est sauvée dans une profession d'impudicité. Joseph s'est fait chaste en Egypte; Moïse s'est santifié à la Cour; un Publicain est devenu Evangeliste ; un persécuteur de JESUS-CHRIST est devenu un Apostre ; enfin, tant de pecheurs convertis montrent assez qu'il y a toûjours quelque rayon prest à éclairer les plus égarez, & quelque étincelle de grace pour les plus abandonnez. Dieu a ses momens, pour faire misericorde; c'est à nous de les attendre, & de nous y préparer. Dés qu'on se défie de soy; qu'on sent sa foiblesse & son aveuglement; qu'on leve les yeux au Ciel, pour en implorer la lumiére; & dés qu'on met sa confiance dans les mérites du Sauveur, on rentre dans la voye du Salut. Cette confiance du cœur est comme une voye secréte, qui parle dans le silence le plus profond des autres puissances de l'ame, & qui obtient ce qu'elle demande. Vous deviendrez fort, dés que vous aurez recours *à celuy qui donne de la vertu au foible, & de la force à ceux qui s'anéantissent devant luy*, dit le Prophete.

Qui dat lasso virtutem, & iis, qui non sunt, fortitudinem. *Isa. c.* 40.

Mais apprenez que cette confiance, qui opere le Salut, ne peut naistre que de la connoissance des perils qui vous environnent, & de l'extrême besoin que vous avez sans cesse du secours de celuy qui peut tout, & sans lequel vous ne pouvez rien. Cette disposition est seule capable de vous relever de l'estat le plus déplorable, où le peché vous ait réduit. C'est alors que Dieu prend plaisir de faire éclater *l'abondance de sa grace, sur l'abondance du peché*, comme parle Saint Paul; & qu'il se plaist à faire plus de miracles pour rappeller un pecheur de ses égaremens, & de le delivrer de la servitude du peché, qu'il n'en fit pour tirer son Peuple de la servitude de l'Egypte. Que de tené-

Ubi abundavit delictum, superabundavit gratia. *Rom. c.* 6.

bres à vaincre ; que d'abîmes à passer ; que de deserts à traverser dans le retour d'une ame égarée ! Tous ces Miracles faits en faveur d'un Peuple, pour une liberté temporelle, ne sont que la figure & que l'ombre des efforts de la toute-puissance de Dieu dans la délivrance d'un pecheur, pour une liberté éternelle. Car, malgré tous les égaremens ausquels nous sommes sujets, nous avons le bonheur d'estre d'un Troupeau, dont le Pasteur a mille fois plus d'envie de nous sauver, que nous n'en avons de nous perdre. Enfin, ne luy objectons point l'estat de nos affaires, & de nostre fortune, comme un obstacle au Salut, aprés que l'Ecriture nous a dit : *Cherchez premiérement le Royaume de Dieu, & rien ne vous manquera.*

Superædificare cæteras utilitates destinanti salus, fundementum est. *Euch. ad Val.*

Quærite primò regnum Dei, & hæc omnia adjicientur vobis. *Mat. c. 6.*

La troisiéme considération est, que l'affaire du Salut n'est pas fort difficile par elle-mesme : car *le Royaume de Dieu est au dedans de*

Regnum Dei intra vos est. *Luc. c. 17.*

vous, c'est à dire, en vostre pouvoir. Et pour se sauver, il ne faut que le vouloir. *Demandez*, dit le Sauveur du Monde, *& l'on vous donnera; cherchez, & vous trouverez; frappez à la porte, & l'on vous ouvrira*. Ayez de l'attention pour l'affaire de vostre Salut, & vous vous sauverez. C'est un tresor caché, qu'on ne trouve qu'en le recherchant avec ardeur: c'est une pierre précieuse, qu'on n'acquiert qu'en l'achetant. Car enfin, *tout est possible à celuy qui croit*, dit le Sauveur du Monde; & ce n'est souvent que la seule foiblesse de nostre Foy, qui nous rend le Salut difficile. Le chemin de la vertu n'est pénible qu'à celuy, qui suit ses desirs: dés qu'on a assez de force pour y résister: on ne trouve rien que de desagréable & d'horrible dans le peché: la vertu devient aisée à ceux qui ont assez de fidelité & de perséverance pour la pratiquer. Le chemin n'en est rude qu'aux ames lâches. Cette

Vestrum est regnum Dei. *Luc. c 6.*

Petite, & dabitur vobis; quærite, & invenietis; pulsate, & aperietur vobis. *Luc. c. 11.*

Omnia possibilia sunt credenti. *Mar. c. 9.*

voye étroite s'élargit dés qu'on y marche, parce qu'on s'accoûtume peu à peu, à faire par amour, ce qu'on a commencé à faire par crainte. *Les voyes dures & difficiles*, dont parle David, deviennent des sources de douceur, & de joye, à celuy qui croit; il redouble sa confiance & son courage, à mesure qu'il trouve d'obstacle & de difficulté : il est si persuadé, qu'on ne peut trop acheter une gloire qui durera toûjours, qu'il ne compte pour rien tout ce qu'il souffre, afin de l'acquerir. C'est par la Foy qu'il voit, dés l'entrée de la course, cette couronne qui ne l'attend qu'à la fin. C'est alors qu'on commence à haïr ce qu'on avoit aimé, & que Dieu se fait sentir, & répandant dans l'ame une étincelle de son amour, & en luy faisant connoistre que c'est s'aimer, que de se haïr de la sorte.

Ego custodivi vias duras. *Psal 16.* Semitæ illius pacificæ. *Prov. c. 3.*

Misericordiæ initium stillans in eos. *Mac. t. 2. c 8.* Qui odit animam suam, in vitam æternã custodit eam. *Ioan.*

Qu'y a-t-il enfin de rude & de pénible dans la voye du Salut, qui ne soit adouci par la grandeur de la récompenſe que Dieu promet au Chrétien ? Et quels murmures noſtre impatience peut-elle nous arracher dans nos ſouffrances, que cette eſperance ne ſoit capable d'étoufer, quand elle eſt une fois bien établie dans l'ame ? Aprés tout, conſidérons ce que Dieu demande de nous, pour nous ſauver, & voyons ſi c'eſt quelque choſe de ſi difficile. *Il ne veut que ce qui eſt en noſtre pouvoir, & il ne demande que noſtre propre avantage*, dit Hugues de Saint Victor. Si le joug qu'il nous impoſe eſtoit peſant ; ſi ſa loy eſtoit pénible, noſtre lâcheté pourroit avoir des prétextes ; mais il ne veut qu'un eſprit ſoûmis à ſes volontez, & qu'un cœur touché de ſon amour : qu'y a-t-il de plus raiſonnable ? Ne le mérite-t-il pas ? Car, *qu'eſt-ce que noſtre Seigneur veut de vous autre choſe, ſinon que vous ayez pour luy une crainte reſpectueuſe, que vous marchiez dans ſes voyes, & que vous l'aimiez*, dit

Non exigitur à nobis, niſi quod noſtrũ eſt, & quod bonum noſtrum. *L. 1. de Sacr.*

Memento creatoris tui, antequàm obtenebreſcat ſol. *Eccleſ. c. 12.*

Et nunc Iſraël, quid Dominus Deus tuus petit à te, niſi ut timeas Deum tuum, & ambules in viis ejus, & diligas eum ? *Deuter. c. 10.*

Deus regnum ſuum fragmento panis vendit : quis excuſare poterit non ementem, quem tanta vilitas venditionis accuſat ? *Serm. 41. de Iejun. & Eleem.*

Moïſe au Peuple d'Iſraël. Mais quand ce meſme Dieu met ſon Royaume éternel à un prix ſi vil, que de le vendre pour un morceau de pain donné à un pauvre : peut-on eſtre excuſable, de ne pas acheter une choſe de ſi grand prix, à ſi bon marché, dit Saint Pierre Chryſologue ? Car ce n'eſt point par les miracles, ny par les actions d'une vertu rare, ny par les œuvres d'une charité éclatante, ny par des pénitences extraordinaires, ny par des retraites dans les ſolitudes les plus écartées, ny par des auſteritez affreuſes, qu'il faut aller au Ciel. Il y aura bien des gens, dit Saint Matthieu, qui diront au Jour terrible du Seigneur, *N'avons-nous pas prophetiſé en voſtre nom ? N'avons-nous pas fait des miracles ?* à qui il répondra, *Je ne vous connois point*. Car, ce n'eſt ſouvent que par des vertus ordinaires, mais animées d'une foy vive, & d'une eſperance humble, qu'on ſe ſauve. Ce ſera un homme du

Multi dicent in illa die : Domine, nonne in nomine tuo prophetavimus, & in nomine tuo multas virtutes fecimus ? & nunc confitebor illis : quia nunquam novi vos. *Mat. c. 7.*

commun, qui, aprés avoir vescu dans la perséverance, & dans la fidelité d'une vie commune, mais Chrétienne, & dans l'estat où Dieu la mis, qui dira avec David: *J'ay marché dans la voye du Seigneur, & je n'ay point commis d'infidelité contre luy; & ce Dieu, qui est juste, me récompensera selon la pureté de mes actions.* Ce sera une veuve humble & modeste, qui ayant renoncé à la vanité, & se prosternant au pied des Autels, s'écriera comme Judith: *Ecoutez, Seigneur, la priére humble d'une miserable, qui n'a d'appuy que de la seule confiance qu'elle a en vostre misericorde.* C'est un affligé, qui fera éclater la voix de sa patience & de son affliction, & qui attendra paisiblement l'heure de la mort, comme Job: c'est un homme de bien, qui exhortera ses freres à penser à leur Salut, comme Tobie. C'est un pauvre, semblable à celuy dont parle le Sage, qui marchant dans la simplicité de son cœur,

Retribuet mihi Dominus secundùm justitiā meam, & secundùm munditiam manuum mearum, quia custodivi vias Domini, & non egi impiè à Deo meo. *2. Reg. c. 22.*

Exaudi me miseram deprecantem, & de tua misericordia confidentem. *Iud. c. 9.*

Audiet Deus clamorem ejus, cùm venerit super eum angustia. *Iob. c. 27.*

Expecto, donec veniat immutatio mea. *Iob. c. 14.*

Pergebat ad omnes qui erant in captivitate, & monita salutis dabat eis. *Tob. c. 1.*

vaut mieux que le riche, qui va à la grandeur par des chemins écartez : c'eſt un Religieux caché dans le fond de ſa Cellule, qui médite jour & nuit la Loy du Seigneur, & qui aprés avoir eſté fidele dans les petites choſes, ſera établi ſur les grandes, comme le ſerviteur de l'Evangile. C'eſt une femme de qualité, détrompée du monde, qui n'a plus rien dans l'eſprit que l'eſperance de l'autre vie, laquelle luy rend mépriſable toutes les vanitez de celle-cy. C'eſt un dévot, qui ſe borne à la perfection de ſon eſtat, comme à celle que Dieu demande uniquement de luy; perſuadé qu'une vertu commune dans ſa profeſſion, vaut mieux qu'une vertu extraordinaire, hors de l'eſtat où Dieu l'appelle. Car enfin, la voye ſeûre pour le Ciel, eſt d'eſtre fidele à ſon eſtat.

Quia ſuper pauca fuiſti fidelis, ſuper multa te conſtituam. *Mat. c. 25.*

Nous liſons dans Palladius, que Saint Paphnuce, aprés avoir mené dans le deſert une vie fort auſtere, demanda à Dieu qu'il luy fist connoistre, s'il y avoit quelqu'un qui luy ressemblast. Un Ange luy apprit qu'il y avoit dans la Ville d'Heraclée, qui n'estoit pas éloignée, un Joüeur de fluste, qui gagnoit sa vie à ce mestier-là, aussi homme de bien que luy. Il arriva presque la mesme chose à deux Hermites, dont il est parlé dans la Vie des Peres, qui, aprés avoir long temps demeuré dans une solitude profonde, & vivant dans la chair, sans vivre selon les desirs de la chair, maltraitant leur corps par les rigueurs d'une sévére pénitence, & dans un détachement de toutes choses, s'avisérent de demander à Dieu, s'il y avoit au monde quelque ame plus détachée qu'eux, & qui fust dans une plus grande perfection. L'Ange, qui s'apparut à eux, sans les renvoyer bien loin, leur apprit, que dans le voisinage de leur Desert, il y avoit un Berger & une Bergére, qui en gardant leur troupeau, & vivant d'une vie commune, mais humble & fidele, estoient devenus plus agréables à Dieu qu'eux deux.

Cela nous apprend, que la fidelité à se perfectionner dans son estat, sans vouloir s'élever indiscrétement à des voyes trop recherchées, est ce qui plaist le plus à Dieu: & qu'une grande pureté de mœurs, jointe à une grande simplicité de vie, est la plus grande de toutes les perfections. Dieu, qui est simple, se plaist aux ames simples: car il prend plaisir à couronner leurs moindres vertus, d'une couronne qui ne flêtrira point: il promet son Paradis à un verre d'eau donné en son nom. Ce qui faisoit dire à Saint Paul, quand il considéroit la récompense des petites peines de la vie presente, qu'il trouvoit qu'elles n'avoient aucune proportion avec cette couronne immortelle, que Dieu promettoit à ses Elûs: parce qu'un *moment court & leger d'affliction, produisoit un poids éternel de gloire.* Ah! si nos moindres actions, dit

Cum simplicibus sermocinatio ejus. *Prov. c.* 3.

Quicumque potum dederit uni ex istis calicem aquæ frigidæ tantùm in nomine meo, non perdet mercedē. *Mat. c.* 10

Momentaneum & leve tribulationis nostræ, æternum gloriæ pondus operatur in nobis. 2. *Cor. c.* 4.

Saint Bernard, toutes passagéres qu'elles sont, peuvent estre des semences de l'éternité : si un moment, qui n'a pas de durée, peut mériter une récompense, qui durera toûjours : quel aveuglement de perdre, je ne dis pas tant de temps, mais tant d'éternitez de plaisir & de gloire, que nous pourrions mériter ?

Non transeunt opera nostra ut videntur, sed temporalia quæque veluti æternitatis semina jaciuntur. *Bern. Serm. 25. ad Cler.*

Au reste, si cette gloire n'est pas capable de nous toucher, du moins que la facilité qu'il y a à la mériter nous excite. Nos esprits pourroient devenir capables des grandes choses, si nous les accoûtumions à mépriser les petites : & nous n'aurions pas de peine à goûter le Ciel, si nous sçavions nous dégoûter peu à peu de la terre. Qu'heureux sont ceux *à qui il est donné de connoistre le mystere du Royaume de Dieu*, dit le Sauveur du Monde à ses Apostres ! Et en verité ce monde, qui n'est que corruption, cette terre remplie de miseres, cette vie pleine de larmes & d'afflictions, meri-

Vobis datum est nosse mysterium regni Dei. *Luc. c. 8.*

tent-elles qu'on les prefere à la gloire dont la Toute-puissance de Dieu veut combler ses Elûs? Quoy! si tant de Martyrs n'ont point eû de peine à donner leur Sang; si tant de Vierges ont renoncé si courageusement à des plaisirs, qui pouvoient leur estre permis; si tant de Fideles ont quitté tout, pour mériter le Ciel: aurons-nous de la peine à donner les superfluitez de nostre luxe, au Sauveur du Monde, qui nous les demande par la bouche du pauvre, pour nous sauver? Car, tout pecheur que vous estes, *si vous faites part de vostre pain au pauvre*, dit le Prophete; *si vous revestissez le nud, la lumiére du Ciel éclatera sur vous; vos blessures se refermeront; l'éclat de vostre justice marchera devant vous; & la gloire de Dieu vous environnera.*

Frange esurienti panem tuum: cùm videris nudum, operi eum.... Tūc erumpet quasi mane lumen tuum, & sanitas tua citiùs orietur, & anteibit faciem tuam justitia tua, &c. *Isa. c.* 58.

Car enfin, voicy le temps de clemence, & de misericorde: ainsi tâchons à mesnager, avec une vigilance Chrétienne, ces précieux momens

momens du Salut, en ce temps de grace qui durera pendant cette vie. JESUS-CHRIST, dit Saint Jean, n'eſt pas venu dans ſon premier avénement, pour juger le monde, mais pour le ſauver. Prévenons ce redoutable Jour de ſa colére, auquel il viendra dans la majeſté de ſa gloire, faire briller aux yeux de toute la terre, l'étendart de ſa Croix, d'une lumiére plus éclatante que le Soleil. C'eſt alors que cette glorieuſe Croix, qui a eſté l'inſtrument de noſtre Salut, fera connoiſtre l'ardente charité de celuy, qui s'y eſt laiſſé attacher pour l'amour des hommes: & qu'elle les convaincra que ce divin Sauveur n'a rien obmis de ſa part pour les ſauver. Le ſcandale de cette divine Croix, ne durera plus : l'on n'y verra que la profonde ſageſſe, & la force invincible avec laquelle l'affaire de noſtre Salut a eſté conſommée. *Allons, avec une humble confiance, nous jetter au pied de ce ſacré Tri-*

Non ut judicet mundum, ſed ut ſalvetur mundus per ipſum. *Ioan.* 3. c. 3.

In judicium non venit. *Ioan.* c. 5.

Adeamus ergo cum fiducia ad tro-

bunal de la misericorde, selon le conseil de Saint Paul, & y prendre les lumiéres necessaires, pour marcher dans la route étroite de l'Evangile, qui est devenuë aisée depuis que le Fils de Dieu a desarmé la puissance du monde, par l'humilité de sa Vie, & par l'ignominie de sa Mort. Si ces considérations ne sont pas assez fortes, pour nous encourager à marcher dans la voye du Salut, qui est adoucie par le secours du Sauveur, qui n'est pas plus difficile par nostre propre foiblesse, & qui est aisée par elle-mesme, qu'au moins elles nous fassent trembler. Car quelle peine ne meriterions-nous pas, si nous avions negligé une si grande récompense, qu'on peut mériter si facilement : & de quel supplice ne serions-nous pas dignes, si aprés que Dieu a mis nostre Salut en nostre pouvoir, par l'assistance dont il nous prévient, nous estions si miserables, que de nous perdre?

num misericordiæ, ut misericordiam consequamur. *Heb. c. 4.*

Confidite, ego vici mundum. *Ioan. c. 16.*

Quomodo effugiemus, si tantam salutem neglexerimus? *Heb. c. 2.*

CHAPITRE X.

Qu'il faut aider à ſauver les autres, pour ſe ſauver ſoy-meſme.

SI nous ſommes donc bien perſuadez de l'importance qu'il y a en cette affaire, & des conſequences terribles qui en ſont les ſuites: commençons dés à preſent à penſer à ce moment, qui nous reſte à vivre, pour ne pas mourir éternellement. Travaillons à mériter ce repos éternel, que noſtre Religion nous promet, ſans nous agiter l'eſprit des vaines inquiétudes, que cauſe une vie qui doit durer ſi peu. Mais apprenons auparavant, que ce n'eſt pas aſſez de ſe ſauver ſoy-meſme, ſi l'on n'aide à ſauver les autres. Le veritable Chrétien ne peut pas ſonger à eſtre heureux, ſans enſeigner à ſes freres à le devenir. C'eſt ce que

Martha, ſollicita es, & turbaris erga plurima. *Luc. c.* 10.

Saint Eucher écrivoit à son amy Valerian. *Je ne puis pas penser à mon Salut sans penser au vostre, comme au Salut d'un autre moy-mesme : car je vous aime autant que moy.* En effet, dés qu'on a de la Foy, on pense à s'unir les uns aux autres, comme des pierres vivantes, qui s'entre-supportent, estant posées sur la pierre fondamentale, afin de former ensemble un Temple saint, où l'on honore le Sauveur dans la pureté d'esprit. Nous sommes mesme obligez, par un principe de zele des interests de Dieu, de travailler, autant qu'il est en nostre pouvoir, à nous associer des compagnons dans la gloire, pour les engager à entrer avec nous, dans ce sacré concert des Bienheureux, qui chantent les loüanges du Rédempteur, & le benissent éternellement. Et il faut contribuër à leur Salut, non-seulement parce qu'ils marchent dans la mesme voye, qu'ils vont au mesme terme, qu'ils sont d'un mesme

Cùm te æquè ac me diligam, necesse est ut summum bonum assequi te tanquam me alterum cupiam. *Epist. ad Valer.*

Vos tanquam lapides vivi coædificamini in templum Dei. *Aug. in Ps.* 121.

Si credis, efficiêris templum Dei, quia dicit Apostolus, Templum enim Dei sanctum est, quod estis vos. *Aug. ib.*

troupeau, & qu'ils ont le meſme Paſteur que nous : mais auſſi parce que c'eſt le plus infaillible moyen de nous ſauver, que d'aider à ſauver ceux avec qui nous vivons. Car rien ſans doute n'eſt plus capable de nous rendre le Sauveur favorable, que de devenir nous-meſmes les Sauveurs de nos freres, en les aidant de nos lumiéres, & en les édifiant par nos exemples.

C'eſt de cette charité admirable, que Saint Paul diſoit aux Chrétiens de Corinthe : *Je vous montre une voye encore plus excellente que toutes les autres, que je vous ay montrées*, pour devenir parfaits, & pour gagner le Ciel, qui eſt d'aimer vos freres. Et peut-on les aimer plus parfaitement, que d'éclairer leurs eſprits de cette divine lumiére du Ciel, dont le moindre rayon efface tous les objets de la terre; que de les détromper des choſes viſibles, pour les affectionner aux choſes inviſibles;

Et adhuc excellentiorem viam vobis demonſtro. 1. *Cor.* c. 12. Major horum eſt charitas. 1. *Cor.* c. 13.

Nolite timere eos qui occidunt corpus, sed potiùs timete eum qui potest & animam & corpus perdere in gehennam. *Matt. c.* 10.

que de leur faire voir ce vuide & cét neant inconcevable, qui se trouve en tout ce que les hommes estiment le plus, pour les élever à cette sainte fierté du Christianisme, qui fait mépriser tout ce qui est terrible aux sens, & qui ne fait craindre que celuy qui peut punir d'une peine éternelle; enfin que de les instruire de tous les motifs qui peuvent leur faire ouvrir les yeux, pour vivre en vrais Fideles, & leur apprendre à se sauver. C'est le seul bien qu'on puisse procurer à l'ame, & le plus grand témoignage d'amour qu'un Chrétien puisse donner à son prochain?

Ce fut de cét amour, dont le Fils de Dieu avoit le cœur embrasé, lors qu'il mourut sur la Croix pour sauver les hommes. C'estoit des flâmes de ce feu tout celeste, dont brûloient les Apostres, lors qu'en parcourant le monde, afin d'apprendre à tous les Peuples le Mystére de la Rédemption, & de leur annoncer le Royaume de Dieu, ils donnoient leur vie, pour le Salut de leurs freres. C'estoit l'esprit dont étoient animez les Fideles, dans les premiers siécles. Car on ne peut avoir de la foy, sans avoir du zele pour le salut de son prochain, quand une fois on a compris de quelle importance il est de se sauver. Que le grand Saint François Xavier estoit bien persuadé de cette verité, quand dans ses voyages de l'Inde, il éclatoit en de profonds soûpirs, & qu'il fondoit en larmes, voyant que les Marchands de l'Europe avoient esté plus diligens à y chercher les richesses de la terre, que n'avoient esté les Missionnaires & les Prédicateurs, pour y porter les richesses du Ciel! Heureux celuy qui est sincérement touché de ce sentiment! Car peut-on voir ces Peuples, qui sont une partie du Royaume de JESUS-CHRIST, dans l'égarement, où ils sont, sans les secourir: aprés que Dieu le Pere, comme dit le Prophete, a donné

Tursel. in ejus vita.

Dabo tibi gentes hæreditatem

tuam, & possessionem tuam terminos terræ. *Psal.* 2.

à son Fils, pour son partage, les Nations de la terre, lesquelles sont devenuës les conquestes de sa triomphante Mort? C'est estre en quelque façon le Sauveur du Sauveur mesme, que de recueïllir le prix de son Sang, qui se perd dans ces terres éloignées, par l'ignorance de ces pauvres Infideles, à qui la révelation du Mystére incompréhensible de la Croix n'a pas esté faite, comme à nous.

Si nous avons donc du zele pour la gloire de JESUS-CHRIST, & pour l'interest de son Sang, efforçons-nous avec une sainte ardeur, à ramener la breby égarée dans son troupeau, & à remettre dans ses tresors cette précieuse dragme de l'Evangile, qui s'estoit perduë. C'est à nous sur qui la lumiére de la grace s'est levée, & à qui JESUS-CHRIST à presché, par ses Apostres, son Royaume éternel; c'est à nous, dis-je, à le faire connoistre à ceux qui ne le connoissent pas. Car ce n'est pas croire en JESUS-CHRIST, que de souffrir tranquillement qu'on l'ignore.

Mais, sans passer les mers pour aller chercher des Infideles à convertir, aux derniéres extrémitez de la terre: commençons à penser à la conversion de ceux avec qui nous vivons. Sauvons-les, pour nous sauver nous-mesmes, en faisant refléchir sur eux quelques rayons de cette lumiére que la grace a répanduë sur nous: & sur tout apprenons-leur à connoistre la voix du veritable Pasteur, que tant de pauvres brebis égarées n'écoutent plus, pour écouter de faux Prophetes. Considérons indifferemment tous les Chrétiens revestus en quelque façon de JESUS-CHRIST: ne regardons en eux purement que le Sauveur, sans distinction aucune des conditions, qui ne sont que des distinctions charnelles. C'est augmenter la gloire du Sauveur, que de le faire connoistre; & c'est agrandir son

Omnibus omnia factus sum, ut omnes salvos facerem. 1. *Cor.* c. 9.

Royaume, que de luy aquerir de nouveaux ſujets. Enfin, que peut-on faire de plus glorieux à Dieu, que de contribuër à ſauver les ames: parce que c'eſt, pour ainſi dire, le ſauver luy-meſme, comme il dit dans ſon Prophete, *Afin que vous ſoyez mon Salut dans les païs les plus éloignez de la terre?* Car ſi c'eſt JESUS-CHRIST que je viſite, en viſitant le priſonnier: ſi c'eſt luy que je nourris, en nourriſſant le pauvre: ſi c'eſt à luy à qui je fais, ce que je fais au moindre des ſiens, comme il l'aſſeûre luy-meſme dans l'Evangile: n'eſt-ce pas luy que je ſauve, en ſauvant le pecheur?

Qui cùm baptiſati eſtis, Chriſtum induiſtis. *Gal.* c. 3.

Ut ſis ſalus mea uſque ad extremum terræ. *Iſa.* 49.

Quod uni ex minimis iſtis feciſtis, mihi feciſtis. *Matth.* 25.

On voit des gens s'attendrir quelquefois ſur la mort temporelle d'un pauvre abandonné de tout ſecours, ou d'un criminel, qu'on mene au ſupplice: & il ne ſe trouve perſonne, qui ſoit touché de la perte éternelle de tant d'ames, qui vivent aujourd'huy dans le deſordre, entraiſnées par le déréglement du ſiécle. On feroit conſcience de ne pas ſecourir un affligé, qui gemit dans l'oppreſſion, ou de ne pas tendre la main à un aveugle qui s'égare ; & l'on ſera aſſez dur, pour laiſſer les perſonnes avec qui l'on vit, vivre & mourir dans leur égarement, ſans écouter l'avertiſſement de l'Apoſtre, qui nous exhorte à les ſecourir, pour les délivrer de ce feu éternel, qui eſt préparé pour la punition de leurs crimes.

Illos ſalvate de igne rapientes. *Iud. Epiſt.*

Conſidérons que l'ange de ténebres, cét ennemy de Dieu & de l'homme, eſt ſouvent plus ardent, pour perdre les ames, que nous a les ſauver. Il n'y a point d'eſtat aſſez mépriſable, point de fortune aſſez baſſe, ny point d'ame aſſez vile, qui le rebute. Toutes les conditions des hommes luy ſont égales, tous les lieux luy ſont indifferens, pourveû qu'il arrive à ſes fins. Ses ſupplices meſme, qui s'augmentent à meſure qu'il réuſſit dans ſes perni-

Adverſarius veſter diabolus tanquam leo rugiens circuit quærens quem devoret. 1. *Pet. c.* 5.

cieux desseins, ne peuvent refroidir l'ardeur qu'il a de nuire à l'homme. Nous, qui croyons à l'Evangile : nous, dont l'esprit & le caractére doit estre l'amour du prochain, & le zele de la gloire de Dieu, que faisons-nous de semblable, pour aider nos freres à se sauver ? Quel interest prenons-nous en leur conduite ? Quel secours leur donnons-nous par nos conseils, & par nos priéres ? Ressentons-nous dans nos cœurs quelques étincelles de ce zele qui animoit les premiers Fideles ? Sommes-nous touchez de l'égarement, où nous voyons quelquefois nos proches, & nos amis ? N'est-ce pas souvent avec froideur, & avec indifference que nous les regardons hors du chemin de Salut ? Et sommes-nous Chrétiens avec une foy si languissante ?

Si quis suorum, & maximè domesticorum, curam non habet, fidem

Mais, si Saint Paul dit, que c'est estre pire qu'un infidele, que de n'avoir pas soin de ses domestiques : Quel jugement doit-on faire de ceux qui ſe ſervent de leur miniſtére, comme d'un inſtrument le plus ordinaire à leurs paſſions, par le commerce qu'ils leur donnent dans leurs intrigues les plus criminelles ? Que doit-on penſer de ceux qui pervertiſſent leurs freres par leurs pernicieux exemples ? Que doit-on dire de ceux qui perdent les ames, que la Providence avoit confiées à leur conduite, afin de leur ſervir de guide en la voye du Salut ? Ils avoient eſté établis de Dieu, pour rompre le pain de ſa parole à ſes enfans, & ils les empoiſonnent d'opinions dangereuſes. Et que deviendra le troupeau, dont le Paſteur s'égare luy-meſme ? Quelle ſera la punition de ceux, qui doivent eſtre le ſel & la lumiére du monde : leſquels, au-lieu d'éclairer les aveugles, fomentent leur aveuglement : & au-lieu de préſerver de la corruption, ceux dont ils ont la conduite, ſont les premiers à les corrompre, comme dit Saint

negavit, & eſt infideli deterior. 1. *Tim. c. 5.*

Animarum impedire ſalutem, eſt perſequi Salvatorem. *Bernard. in ſerm. de Converſ. Pauli.*

Homil. 12. in Matth.

Chrysostome? Ce sont ces étoilles errantes, dont parle l'Apostre Saint Jude, qui portent les ténebres dans les lieux où ils devoient porter la lumiére; & ce sont ces nuées qui portent l'orage où ils devoient porter la rosée, & le rafraischissement? C'est principalement contre ces faux guides, que le Prophete Ezechiel déploye toute la véhémence de son zele, quand il leur fait dire par le Seigneur: *Je vous avois confié la conduite de mon troupeau; mais vous n'avez pas eû le soin de rappeller de l'égarement celles de mes brebis, qui s'y estoient abandonnées: vous n'avez pas recherché celles qui s'estoient perduës: vous n'avez point fortifié les foibles: vous n'avez point gueri les malades. Sçachez donc que pour vous punir de vostre negligence, je vous rendrai responsables de leurs égaremens, & je vous demanderai un compte exact des brebis qui se sont perduës sous vostre conduite.* Je passe sous silence les autres mena-

Hi sunt sidera errantia, quibus procella tenebrarum servata est, nubes sine aqua, quæ à ventis circumferuntur. *Epist. Jud.*

Gregem meum non pascebatis: quod infirmum fuit non consolidastis, quod ægrotum non sanastis, quod abjectum est non reduxistis, quod perierat non quæsistis: Ecce ego ipse super Pastores requiram gregem meum de manu eorum, *&c. c. 34.*

ces du Prophete, contre les Pasteurs froids & indifferens, lesquelles sont terribles. Car rien n'est plus desagréable à Dieu, que le manque de zele, dans ceux qui sont obligez d'en avoir. D'où il est aisé de conclure, puis qu'il y a tant d'avantage à travailler au Salut des autres, qu'il est dangereux d'en devenir un obstacle.

Quoy-qu'il en soit, puis que la plus grande gloire que l'on puisse rendre à Dieu, est de contribuër au Salut du prochain : au moins, si nous n'avons pas le bonheur de luy estre utile par nos avis, n'ayons pas le malheur de luy estre préjudiciable par nos exemples.

Mais, parce que le déréglement du siécle est monté à un excés, qui n'a rien de semblable dans tous les siécles précedens : que la probité est presque éteinte dans le monde : que la profanation de la Religion est universelle, & que le scandale est monté jusques sur l'Autel : armons-nous de toute la force du zele que nous inſpire la charité, pour ſecourir nos freres, qui ſe laiſſent aller au deſordre. Elevons-nous avec une ſainte audace, contre l'impiété qui s'établit peu à peu dans les eſprits. Roidiſſons-nous contre ce torrent funeſte de la coûtume, contre lequel Saint Auguſtin ſe récrie avec tant de force, auquel nous voyons ſuccomber tant d'ames infirmes. Oppoſons-nous au mauvais exemple des Grands, qui corrompent les petits, par l'autorité qu'ils donnent au vice. Apprenons aux Fideles, à s'affermir contre la corruption génerale des mœurs, par la Foy qui leur reſte, dans un temps où elle eſt ſi rare. Prions pour ceux qui ſe laiſſent affoiblir par les conſidérations trop charnelles d'une mauvaiſe honte, dans la profeſſion de la vertu, en un temps où le vice eſt ſi autoriſé. Exhortons les Prédicateurs à faire briller aux yeux des pecheurs, le glaive redoutable de la parole

Væ tibi flumen moris humani. *Conf. l. 1. c. 16.*

de Dieu avec plus de zele que jamais : encourageons-les à s'armer eux-mesmes de tout ce que nostre Religion a de plus étonnant, & de plus terrible, pour réveiller les esprits de l'assoupissement du siécle. Jettons la frayeur des Jugemens de Dieu, dans l'esprit des pecheurs, pour les intimider. Mais aussi, conseillons à ceux qui sont engagez à la conduite des ames, de se défaire de cét air austére, qui décourage les timides. On doit estre sévére, quand on parle en public : parce que les regles génerales qu'on donne, doivent estre d'une souveraine perfection : mais quand on parle en particulier, on doit avoir de la condescendance, selon le besoin qu'on trouve en ceux à qui l'on parle, pour se proportionner à leur foiblesse. Il faut avoir du zele contre le peché, il est vray : mais il faut avoir aussi de la patience pour le pecheur. Ainsi, soyons humains avec les hommes : que l'experience que nous avons de nos propres infirmitez, nous apprenne à souffrir celles de nos freres: mais sur tout gardons-nous d'effaroucher, par une vertu trop sauvage, ceux que nous voulons attirer à Dieu. Voyons à quelles condescendances s'abbaissoit le Sauveur du Monde, pour s'accommoder à la foiblesse de ceux qu'il vouloit gagner.

Ego pro eis sanctifico me ipsum, ut sint & ipsi sanctificati in veritate. *Ioan.* c. 17.

Considérons enfin ce qu'il fait pour sauver les hommes. *Je me sanctifie moy-mesme*, dit-il, *pour eux, afin qu'ils soient aussi sanctifiez, en verité*. C'est à dire, qu'il se perfectionnoit, pour leur apprendre la perfection. Imitons-le en cela, si nous avons un veritable zele du Salut de nostre prochain : puis que rien n'est plus capable de l'aider à se sauver, que de luy en montrer le chemin. Qu'il voye dans la conduite de nostre vie, par où il faut aller; & que nos actions parlent plus que nos instructions. Devenons parfaits, pour enseigner nos freres à le devenir, comme nous. C'est à quoy doivent s'étudier ceux qui se mêlent de conduire les ames : car pour estre de veritables guides dans la perfection, ils sont obligez d'en devenir eux-mesmes des modeles : il faut qu'on voye dans leurs œuvres ce qu'ils conseillent dans leurs discours ; & que leur vie soit conforme à leurs sentimens, & à leurs maximes. Ainsi convertissons-nous nous-mesmes, si nous voulons convertir ceux avec qui nous vivons. Soyons gens de bien, pour leur apprendre à le devenir : parce que l'imperfection de ceux qui sont établis pour servir de guides aux autres, est le plus grand obstacle à leur Salut : on n'attire les benedictions du Ciel, pour convertir les peuples, que par une fidélité inviolable à la grace : & l'on ne sanctifie personne, qu'en se sanctifiant soy-mesme. Nous serons des instrumens parfaits de la gloire de Dieu, dans l'exercice du zele des ames, ſi nous commençons à recevoir les impreſſions que nous devons leur donner, & ſi nous nous perſuadons les premiers de ce que nous leur diſons. Détrompons-nous donc des vanitez de la terre, pour les en détromper: & qu'ils voyent dans la vie que nous menons, ce qu'il faut faire pour ſe ſauver.

CHAPITRE DERNIER.

Concluſion de tout ce Diſcours.

SI aprés tout ce Diſcours, nous ne connoiſſons pas encore l'importance qu'il y a de penſer au Salut: qui pourra nous le faire connoiſtre? Noſtre eſprit peut-il eſtre tranquille dans l'ignorance d'une affaire où il s'agit d'un ſi grand intereſt? Eſt-il aſſez miſerable, dit Saint Auguſtin, de pouvoir ſe cacher à ces lumiéres, ne pouuant ſouffrir que rien ſoit ca-

Sic animus humanus cæcus latere vult, ſe autem ut lateat, aliquid non vult? *Conf. l. 10. c. 23.*

ché pour luy ? Qu'esperons-nous devenir, si nous ne sommes pas bien instruits du lieu où nous devons aller? Enfin, *qui nous montrera les veritables biens que nous devons un jour posseder, si vostre lumiére, Seigneur, qui est répanduë dessus nous, n'a pû encore nous les découvrir?* Est-ce que nos esprits sont trop dissipez, pour ressentir une verité qui ne peut estre penétrée, que par de longues refléxions? Ou bien est-ce que nous aimons trop les biens temporels, pour estimer si peu les biens éternels?

Quis ostendit nobis bona? Signatum est super nos lumen vultus tui Domine. *Psal.* 4.

Mais, puis que l'inconstance des choses humaines, que l'incertitude de la vie, que cette figure volage & passagére des grandeurs du siécle, cét éclat trompeur des vanitez du monde, cette fausseté des choses temporelles, puis qu'enfin ce mensonge, & cette imposture presque universelle de la chair, sont des raisons trop foibles pour détacher nos cœurs de la terre, qu'au moins les prétentions que nous donne noſtre adoption d'Enfans de Dieu, à un Royaume éternel ; que la réconciliation faite entre le Créateur & la créature ; que l'aſſociation aux mérites infinis de JESUS-CHRIST ; que le prix ineſtimable de ſon Sang répandu pour nous ; que la grandeur des promeſſes de noſtre Religion ; & que cette gloire incompréhenſible, qui eſt préparée aux Elûs, ſoient des motifs aſſez puiſſans, pour élever nos eſprits vers le Ciel, & pour enflâmer nos ames d'un deſir ſincére du Salut. En verité, à quoy ſerons-nous ſenſibles, ſi nous ne le ſommes pas à de ſi fortes conſidérations ? Juſques-à-quand aimerons-nous les ombres & les tenébres de cette malheureuſe vie, & par quel horrible aveuglement préfererons-nous la honteuſe ſervitude de l'Egypte, à la glorieuſe liberté des Enfans de Dieu ? Si nous ne comprenons pas encore la neceſſité de l'affaire du Salut, demandons à Dieu qu'il nous donne de la Foy pour la comprendre. Si nous croyons qu'il faut se sauver, vivons conformément à cette créance: Car, *quiconqne croit cette verité, & ne la pratique pas, est semblable*, dit l'Evangile, *à un insensé, qui bastit sa maison sur le sable, la pluye est tombée, les fleuves se sont débordez, les vents ont souflé, & la maison a esté renversée.* Pensons-y donc bien sérieusement; & puis que nous sommes appellez à un Royaume éternel, méprisons tout ce qui est temporel & perissable. Jusques-à-quand nos esprits, élevez qu'ils sont par les grandes espérances des biens du Ciel, ramperont-ils dans de miserables attachemens aux biens de la terre ?

Qui audit verba mea, & non custodit ea, similis erit viro stulto, qui ædificavit domum suam super arenam: descendit pluvia, & venerunt flumina, & flaverunt venti, & irruerunt in domum illam, & cecidit. *Matth.* c. 7.

Considérons combien est vaine la gloire du monde aprés laquelle nous courons, & combien est court ce moment, que nous préferons à l'éternité. Et puis qu'il n'y a rien de réel & de solide dans la vie, que la pensée du Salut: apprenons que le plus haut degré de la sageſſe humaine, & le comble de la vertu du Chrétien, eſt de renoncer au preſent, dans l'attente de cét avenir, qui ne finira point, & de conſommer une vie pure, par une mort ſainte.

Si noſtre cœur eſt encore foible dans l'uſage des choſes temporelles, & parmy les divers accidens où nous ſommes tous les jours expoſez, *affermiſſons-nous par une eſpérance inébranlable, aux promeſſes que Dieu nous donne de l'autre vie, puis qu'il eſt fidele*, dit Saint Paul. Mais, attendons avec une patience humble, & un ſilence plein de reſpect, la fin de cét exil, où le peché nous a condamnez. *Devenons les imitateurs*, comme dit l'Apoſtre, *de ceux qui par leur foy & par leur patience, ſont devenus le héritiers des promeſſes.* Suivons l'exemple de ce ſaint Patriarche dont il fait mention, qui avoit toûjours le Ciel devant les yeux, comme le vray païs de Promiſſion,

Teneamus ſpei noſtræ confeſſionem indeclinabilem : Fidelis enim eſt qui repromiſit. *Heb. c. 10.*

Imitatores eorum qui fide & patientia hæreditabunt promiſſiones. *Heb. c. 6.*

sion, dont celuy de l'Ancien Testament n'estoit qu'une image tres-imparfaite. Car, cette veûë & cette esperance, est seule capable de nous encourager dans les afflictions de cette vie. Gémissons amérement de la longueur de nostre pelerinage : & pleurons, comme le Prophete, de la durée de nostre bannissement. Soyons semblables aux voyageurs, qui se consolent du mauvais temps, des chemins rudes & difficiles, & des autres incommoditez qu'ils souffrent : parce qu'ils n'esperent de repos qu'à la fin du voyage : que les peines nous animent, puis qu'elles sont des voyes seûres pour aller au Ciel. Si l'affliction nous ébranle, tenons-nous attachez à ce qui subsistera éternellement, & détachons-nous de tout ce qui est perissable. N'examinons point les secrets impenétrables de cette Providence incomprehensible, qui mene les gens de bien au Ciel, par les chemins les plus rudes & les

Hei mihi, quia incolatus meus prolongatus est. *Psal.* 119.

plus difficiles : car si l'adversité les transporte comme un coup d'orage dans le port, sont-ils à plaindre ? Ne nous amusons point aussi à considérer les lieux agréables par où passent les heureux du monde : ou bien imitons ces Fideles de l'ancienne Loy : quelque beauté qui se presentast à eux sur les rivages du fleuve de Babylone, ils ne s'y arrestoient que pour gemir aprés leur patrie. Soûpirons comme eux aprés elle, sans jamais la perdre de veûë : courons avec de nouvelles ferveurs jusques au bout de la carriére, sans que rien soit capable de nous détourner de nostre chemin. Redoublons le pas, en marchant dans la voye du Ciel, avec d'autant plus d'ardeur, selon le conseil du Prophete, que nos égaremens ont esté grands, & qu'ils nous ont éloignez de la voye que nous devions tenir : & puis que le jour approche, ce Jour redoutable du Seigneur, *Quittons*, dit Saint Paul, *les œuvres de tené-*

Super flumina Babylonis sedimus, & flevimus, dum recordaremur tui Sion. *Ps.*

Sicut fuit sensus vester, ut erraretis à Deo decies tantùm, iterùm convertentes, requiretis eum. *Baruc. c. 4.*

Abjiciamus opera tenebrarum, & induamur arma lucis. *Rom. c. 13. 13.*

bres, & nous revestons des armes de lumiére. Marchons pendant qu'il reste un rayon de jour, de-peur que la nuit ne nous surprenne. Depeschons-nous d'entrer dans ce repos éternel, que la Foy nous propose. Attachons nos cœurs à ce lieu saint, où sont les pures & les solides joyes, dont ils sont capables. Enfin, préferons les grandeurs du Ciel, pour qui nous sommes faits, à toutes les grandeurs de la terre, afin de reprendre les sentimens de cette noblesse toute sainte, dont le premier homme a joui pendant l'estat de son innocence. Faisons refléxion de quelle lumiére doit estre suivie la nuit où nous vivons : & gémissons sans cesse aprés cét heureux moment, auquel commencera à luire pour nous ce jour éternel, qui ne doit point finir. Animons l'ardeur de nostre Foy, par la considération d'une si grande esperance. Faisons un tresor de bonnes œuvres, que nous trouverons dans le Ciel, quand la mort

Festinemus ingredi in illam requiem. *Heb. c. 4.*

Ibi nostra fixa sint corda, ubi vera sunt gaudia. *Orat. Dom. 4. post Pasch.*

nous ravira tout : & ne cherchons point d'autre asseûrance pour nostre Salut, que celle que tous les Saints ont trouvée dans la défiance d'eux-mesmes, & dans la confiance en Dieu.

Car, mon Dieu, vous estes seul nostre esperance : c'est vous qui guerirez nos foiblesses, & qui refermerez nos blesseûres. C'est vous qui arresterez les égaremens de nostre esprit, & qui affermirez la legereté de nostre cœur. Sauvez-nous donc du danger où l'orage de cette vie nous expose tous les jours : que cette voix, qui commande aux tempestes, & qui dit aux vents & à la mer, *Calmez-vous*, assujétisse nos passions, & rende le calme à nostre ame. Et que ce bras invincible, qui tire la lumiére du fond des tenébres, nous aide à vaincre le charme qui éblouït toute la terre de l'éclat des choses visibles. Dissipez ce nuage, qui nous empesche de voir que nostre veritable interest est de penser

Domine, salva nos, perimus. *Matth.* c. 8.

Tunc surgens, imperavit ventis & mari, & facta est tranquillitas magna. *Ibid.*

tez les plus éloignées de la mer. Et quand nous aurions converti tout le monde, ce ne ſeroit point en nos mérites qu'il faudroit eſperer, ce ne ſeroit qu'en ſes miſericordes : car *il n'y a point d'autre nom* dans le Ciel & ſur la terre, *auquel nous devions eſtre ſauvez, qu'au nom de* JESUS-CHRIST. C'eſt luy ſeul qui doit prendre intereſt en noſtre ſalut : parce que noſtre ſalut eſt le fruit de ſes ſouffrances. Achevez donc, mon Sauveur, ce que vous avez commencé : venez encore vous-meſme chercher la breby égarée d'un troupeau dont vous eſtes le Paſteur : détruiſez en nous noſtre ouvrage, qui eſt l'ouvrage du peché : mais ſauvez le voſtre. Et ſi nous avons eſté aſſez malheureux, pour oublier que nous eſtions vos créatures, n'oubliez jamais que vous eſtes noſtre Dieu, & noſtre Sauveur.

Non eſt in alio aliquo ſalus. *Act.* c. 4.

Nec aliud nomen eſt ſub cælo datum hominibus, in quo oporteat nos ſalvos fieri. *Ibid.*

FIN.

Extrait du Privilege.

PAR Lettres Patentes du Roy données à Verſailles le 13. Septembre 1674. ſcellées du grand Sceau de cire jaune, & ſignées D'ALENCÉ, il eſt permis à Sebaſtien Mabre-Cramoiſy, Imprimeur du Roy, & Directeur de l'Imprimerie Royale du Louvre, d'imprimer durant dix années un Livre intitulé, *l'Importance du Salut*, & compoſé par le P. Rapin de la Compagnie de JESUS: Avec défenſes à toutes perſonnes d'imprimer, ou faire imprimer ledit Livre, ſous quelque prétexte que ce ſoit, ſur les peines y contenuës.

Regiſtré ſur le Livre de la Communauté des Marchands Libraires & Imprimeurs de cette Ville, le troiſiéme Décembre 1674.
Signé, D. THIERRY, Scindic.

au Salut. Prononcez ces paroles de vie, dont parle Saint Jean, qui dissipent les tenébres les plus profondes de l'ame, pour nous faire voir la misere de nostre aveuglement, & pour nous faire connoistre l'importance des promesses que vous nous avez faites. Brisez vous-mesme nos liens, & détruisez ce qu'il y a de terrestre dans nos desirs, & de sensuël dans nos inclinations, comme Saint Augustin vous en prioit autrefois. Ostez-nous l'esprit du siécle, & nous remplissez du vostre. Il est vray, que nous n'avons mérité que vostre colére, parce que nous avons travaillé à détruire dans nous le fruit de vos misericordes. Mais, faites voir, Seigneur, que vous estes plus puissant pour nous sauver, que nous ne le sommes à nous perdre : que vostre clemence devienne victorieuse de nostre opiniastreté : que vostre bonté impose silence à vostre justice; & que nostre salut soit la récompense de

Verba vitæ æternæ habes. *Ioan. c. 6.*

Contere in nobis terrenas cupiditates, & veteris hominis lutulenta negotia. *Aug. in Psal. 2.*

vos peines. Faites éclater ſur nous les rayons de cette ſublime ſageſſe du Chriſtianiſme, qui rend le Fidele ſuſceptible de vos graces, en luy faiſant connoiſtre le prix ineſtimable des treſors du Ciel. Montrez-luy vous-meſme à préferer une couronne immortelle, à une légere ſatisfaction, qui doit durer ſi peu, & à ne point regarder ce qui eſt viſible, pour n'eſperer que ce qui eſt éternel. Mais ne nous laſſons point, tout grands pecheurs que nous ſommes, de crier par les gémiſſemens les plus profonds de nos cœurs, comme ces ſaints Patriarches de l'ancienne Loy, qui demendoient à Dieu *de leur faire paroiſtre ſa miſericorde, & leur donnant ſon Salutaire.*

Oſtende nobis miſericordiam, & ſalutare tuum da nobis. *Pſ.* 84.

En effet, ce n'eſt que par le Fils, que nous devons aller au Pere: car c'eſt luy qui eſt le Médiateur entre Dieu & les hommes: il eſt luy ſeul, comme dit le Prophete, *L'eſperance de tous les Peuples de la terre, & des extrémi-*

Spes omnium finium terræ, & in mari longè. *Pſ.* 64.

PERMISSION du R. P. Provincial.

JE soussigné Provincial de la Compagnie de JESUS en la Province de France, permets au P. Rapin Religieux de la mesme Compagnie, de faire imprimer un Livre, qu'il a fait, qui porte pour Titre, *l'Importance du Salut*, & qui a esté approuvé de trois Théologiens de nostre Compagnie. Fait à Paris le 7. Novembre 1674.

JEAN PINETTE.

www.ingramcontent.com/pod-product-compliance
Ingram Content Group UK Ltd.
Pitfield, Milton Keynes, MK11 3LW, UK
UKHW020546180726
13838UKWH00001B/59

9 782329 348728